Retratos na Parede

Álbum de família

NORMA JORGE MOREIRA
pelo Espírito FERNANDO DE O CAMPELLO

RETRATOS NA PAREDE

Álbum de família

Aliança

1ª edição, Junho/2018, do 1º ao 5º milheiro

Título
Retratos na parede : álbum de família

Autor
Norma Jorge Moreira

Revisão
Adroaldo Moreira da Silva
Antônio Roberto de Carvalho

Diagramação
Sônia M. Silva

Capa
Jaqueline Silva

Impressão
Rettec Artes Gráficas e Editora Ltda.

Ficha Catalográfica

Dados Internacionais de Catalogação na Publicação (CIP)—
Câmara Brasileira do Livro | SP | Brasil —

O Campello, Fernando de (Espírito).
Retratos na parede : álbum de família / pelo Espírito Fernando de O Campello ; [psicografado por] Norma Jorge Moreira. -- São Paulo : Editora Aliança, 2018.

ISBN: 978-85-8463-067-7

1. Espiritismo 2. Psicografia 3. Romance espírita I. Moreira, Norma Jorge. II. Título.

18-17417 CDD-133.93

Índice para catálogo sistemático:

1. Romance espírita psicografado : Espiritismo 133.93

Editora Aliança
Rua Major Diogo, 511 - Bela Vista - São Paulo - SP
CEP 01324-001 | Tel.:(11) 2105-2600
www.editoraalianca.com.br | editoraalianca.com.br

Sumário

Introdução

Após certo tempo de estada na vida espiritual, aos Espíritos errantes são concedidos novos retornos à vida terrena de forma planejada pela espiritualidade maior, com base nas páginas viradas das vidas sucessivas.

Os Espíritos destinados à Terra serão acolhidos por entes queridos e virão cumprir o aprimoramento da evolução espiritual. Ao ensejo de cada reencarnação eles revestirão corpo material formado segundo a genética de pais diferentes.

Ao renascerem na Terra, pela ação do amor dos genitores, juntam-se os Espíritos afins. A alma, criada por Deus, é revestida pela matéria carnal cedida pelos pais que a vão acolher. No orbe terreno, deverão educar-se moral e intelectualmente além de expiarem iniquidades cometidas em vidas pretéritas. Os Espíritos empedernidos e antagônicos, ao ensejo da passagem pela matéria física, deverão aqui preparar sua posteridade, aproveitando-se da existência corporal para se reconciliarem com seus desafetos.

Esta história vem reafirmar que as vidas sucessivas são concessões divinas. Através delas se revelam a bondade e a justiça de Deus, ensejando que suas criaturas retomem formas corporais, visando a se remirem de degenerações pretéritas; ao invés de condená-las a duras penas eternas, mormente quando rompem suas promessas e, muitas vezes, contrariam a aliança carnal com o Espírito.

Ao folhearem esta obra, os leitores certamente compartilharão do vaivém das almas peregrinas entre mundos materiais e imateriais. As jornadas são indispensáveis ao progresso espiritual e são programadas por Deus, com participação dos sublimados mentores do mundo dos Espíritos. Os encontros na Terra visam a reunirem almas afins que se atraem pelo amor ou pelo ódio.

Este conto romanesco realça aos leitores que a vida presente é continuidade do progresso da alma, interrompido pela morte em existência pretérita; e que a vida pode e deve persistir no sabor do amor. Podemos citá-la como verdadeiro álbum de família.

Fernando de O Campello

Uberaba (MG) 05/04/2010

Apresentação

A arte do saber é viver a vida. É isso que nos será demonstrado no paginar destas folhas, nesta obra de cunho espiritual, ditada pelo caro Mentor Fernando de O Campello, irmão amável, generoso em todas as suas ações, meu compatriota no mundo que vem de Deus; a Pátria dos Espíritos.

Com imenso apreço é que faço menção desta condigna obra romanesca. Por bondade é que fui escolhido para apresentar este ilustrado trabalho, elaborado por esse Espírito consagrado pelo amor do Pai. Espírito passível de generosidade que, com suas histórias, consegue realizar boas ações, a exemplo desta que acaba de divulgar por meio da mediunidade.

Para mim, trata-se de extraordinário conto de vidas reais, que nos relata venerada capacidade de passar amor, elevando almas humanas, com inexcedível clareza espiritual. Eis aqui um estudo que nos ensina inconfundíveis esclarecimentos de como são indispensáveis os sucessivos retornos dos Espíritos à matéria.

Eis um romance de vida real que consagra a vital importância de clarearmos a educação no mundo dos Espíritos. Lindas histórias que prosseguiram durante reencarnações familiares; uma formação de álbum de composição de famílias.

Com *Retratos na Parede*, quis Campello que entendêssemos o porquê de tantas paredes estarem repletas de retratos, dispostos em diversos quadros, ornamentando salões de residências familiares. São reminiscências de jornadas de ancestrais que vieram à Terra para reparação e renovação espiritual, num radiar de vidas remissíveis.

É incomparável a formação de núcleos familiares que completam elos desde o primeiro instante na Terra; é um complemento de progresso e unificação a fim de se viver o amor no infinito que Deus compõe com a comunhão de seres constituídos por pessoas ligadas por laços consanguíneos e afetivos.

Aos leitores, desejo ardentemente boa leitura e que ela sirva de bom exemplo e entendimento.

Cordialmente.

Espírito amigo, Irmão José

Primeira parte

1

Encontro e orientação

Em certo recôncavo maranhense, às margens de um golfo, um jovem casal vivia em construção lacustre, erguida sobre palafitas, cuja sobrevivência se sustentava com o trabalho da pesca, nas águas de um rio que desaguava no mar.

Na época da seca, sem alagamento das várzeas, dependendo da lua, o casal recolhia, em mangue, os crustáceos que mercadejava nas areias das praias, quando não sobrevivia da pesca.

Os apetitosos petiscos mercadejados eram muito bem preparados por caprichosa mulher. Os visitantes e turistas estrangeiros os degustavam deveras encantados.

Os crustáceos vivos eram levados pelo esposo para serem vendidos nos caminhos arenosos que levavam às saídas das praias.

Num caminhar sereno, a jovem mulher alisava o ventre com a destra, com simbólico movimento de proteção, pois trazia um benigno germe, ainda rudimentar, organizando-se em seu mátrio por concessão divina. O embrião se agasalharia em meio ao pauperismo, mas a ama, que o alimentaria desde a matriz, era devotada criatura de Deus. O nascituro seria acolhido pelos braços maternos, segundo engendrado pelas Alturas. O germe se desenvolvia designado a certa missão terrena, sob orientação dos Altos Poderes.

Ao descobrir a santa fecundação do óvulo no ventre, a futura mamãe agradeceu ao Pai Celeste, prometendo que, não obstante sua vivência paupérrima, ela o conduziria com sobejo amor, único sentimento capaz de unir as criaturas de Deus. Era sua função e dever conferir crescimento a essa alma designada pelo Eterno Mundo dos Espíritos. A luz do Senhor é que confiara aquele ser ao seu ventre, para que ela gerasse mais uma criatura humana.

Com o coração em júbilo, continuou com seu pensamento elevado às Alturas, confirmando sua alegria por receber tal incumbência de Deus em seu mundo restrito aos seus parcos recursos, acrescentando que seus liames se sustentariam na alegria e no amor. Permanecia de olhos erguidos para o infinito, como se vislumbrasse a imagem de Deus a dizer que lhe enviara aquele ser pequenino porque seus braços eram o sustentáculo da bondade.

Os amantes estavam sendo corajosos no tocante à aceitação da vida desprovida de luxo, de ostentação, ao oposto da vivência pretérita. A pobreza dos pais, na existência presente, era imprescindível em benefício da liberdade espiritual do filho que receberiam na Terra. A escassez era essencial para que preparassem o aperfeiçoamento moral do Espírito que acolhiam.

A doce criatura, todas as manhãs, levava na mão esquerda, um cabaz coberto com alvo forro sob o tampo de vime, contendo caranguejos, denotando muito asseio e perfeita cozedura. Os crustáceos eram bem temperados com ingredientes que lhes realçavam delicioso gosto, neles coexistindo o sabor do amor.

Na luz do sol escaldante, a futura mamãe caminhava com passos lentos sobre a areia solta da praia, trazendo nos lábios o sorriso do contentamento e do desempenho da jovialidade. Realmente estava muito feliz! Ela recebia das mãos dos turistas as moedas que remuneravam as vendas dos siris e as acumulava contente, prevenindo-se para a chegada do germe que grassava em seu ventre, arrimado pelo sentimento amoroso. Nos próximos meses ele seria transformado em seu filho, o enviado de Deus, o descendente da família espiritual programada pelo Criador.

Certa feita, caminhando pelas areias da praia, acariciando o ventre, a esposa do pescador, aproximando-se de um jovem casal, expressou-se:

— Ó belo casal, vejo em seus lindos olhos o brilho do amor. Para que essa felicidade se complete, alimentem-se com estes frutos do mar por mim preparados com amor. Desculpe-me, jovem senhora, mas vejo em sua vida uma porção de seu corpo que se alimenta de seu sangue e viceja em seu ventre. Mas a vida só nos será bela se abrirmos a porta de nosso mátrio materno, para dar passagem ao Espírito de Deus, e se sentirmos alegria por ser mãe. Portanto, jamais renegue esse maravilhoso germe e não queira que a vida dele se encerre antes que lhe dê à luz. Permita que um dia ele a chame de mamãe.

A vendedora ambulante ficou pensativa por instantes. A impressão era de que, naquele momento, ela estivesse sendo inspirada pelas Alturas. Então, ela voltou a cerrar as pálpebras, entreabriu os lábios e, com voz maviosa, alisando o ventre, disse tão suave, como se repetisse uma canção ditada pelo céu:

— Interessante! Como um anjo do Senhor, vejo na senhora linda irradiação celestial, com efeito — suspirou e continuou: — de partículas do amor da bondade de Deus. Preocupa-me, pois nunca havia notado que minha mente produzisse tais visões. Não será por que meu ventre também agasalha um corpo para uma alma que virá para a Terra?

Silenciou novamente fitando o infinito, como a pedir explicação sobre ditos fenômenos que ela via nitidamente no ventre daquela mulher, que se entristecia, talvez por algo com que deveria alegrar-se. Diante disso, ela comentou timidamente:

— Vocês serão felizes! Em sua matriz está vicejando um lindo botão que Deus plantou com infinito amor, para oferecer-lhes alegria. Uma belíssima flor traduzirá muita graça e beleza à vida conjugal de vocês.

Sorriu, alisando sua barriga e, suspirando, voltou a dizer:

— Mamãezinha, cuide bem dessa flor! Ela trará bem-aventurança ao seu lar; com certeza, enfeitará o jardim que vocês haverão de cultivar.

Silenciosa, ergueu-se da areia onde se sentara e acenou, despedindo-se do casal a que transmitira ensinamentos jamais antes ouvidos por eles. Após retirar-se por alguns passos, interrompeu-se ao ouvir a interrogação:

— Ei! Como você sabe que eu também trago em meu ventre uma criança e que ela fora recomendada pelo céu?

A vendedora de crustáceos deu de ombros, pois não sabia como responder à pergunta. Contemplou a beleza do infinito azulado e, com brilho nos olhos, denotando muito amor, respondeu:

— Talvez!... Talvez pela sensibilidade materna, que também trago em meu íntimo! E olhe!... Bendito será o fruto do seu ventre.

— Onde você mora? — inquiriu a visitante.

— Ah, senhora, tão distante! Moro na foz do rio, onde são fundeadas as embarcações para pescas e contatos com a terra, nas imediações da capital maranhense. O acesso à minha mansarda não se fará senão com o uso de pequenos barcos. Desculpe-me, senhora, mas preciso ir. Meu amado companheiro deve estar à minha espera, deveras preocupado em face de meu estado gestante.

O nome da vendedora de siris era Pâmela. Seu timbre de voz era doce e suave. Ela se expressava com desenvoltura, talvez porque possuísse, em sua casa mental, apurado acervo de conhecimentos inatos, adquiridos em existências pretéritas, assim como o era também seu acompanhante de laços matrimoniais. Pâmela possuía faculdades perceptivas e, acima de tudo, visão espiritual.

A jovem turista, encantada com os inteligentes argumentos de Pâmela, sentiu vontade de, outras vezes, encontrá-la. Então, com carinho na voz, perguntou-lhe:

— Gostaria de vê-la mais vezes. Quando seu rebento virá para a Terra?

Pensando que excedera com o uso da palavra rebento, repetiu a pergunta com mais simplicidade:

— Seu filhinho, quando virá? Será logo?

— Sim, senhora! Meu rebento chegará por volta de dois meses. Estou ansiosa para ofertar-lhe meus braços e meu amor.

Pâmela não usava seu vocabulário por esnobismo ou intencionada a medir-se com aquelas pessoas de boa posse. O Espírito enclausurado naquele corpo carnal é que dialogava com sabedoria e generosa grandeza.

Então, a estranha manifestou-se:

— Você é deveras inteligente! Tem consciência de como colocar as palavras! Gosto de conviver com pessoas assim! Conhecemo-nos há pouco e já me sinto com desejo de tornar-me sua amiga. Aceita? Posso considerá-la dessa maneira?

— É claro, senhora! Eu também gostei muito do casal! Só que!...

Suspirou e entreabriu os lábios com um sorriso.

— Há certa distância entre nós! Não tenho formação social; sou de um mundo bem diferente! Minha origem é paupérrima, contudo, confesso-lhe que isso não me atinge em nada, pois somos muito felizes, eu e meu marido e, provavelmente, será nosso filhinho porque compreenderá nossa casta. Tenho convicção de que ele será preparado pelo Pai.

A essa colocação de Pâmela, a mulher argumentou:

— É certo que possuímos consideráveis bens materiais, mas meus haveres são incomparáveis à riqueza de sua alma. Pâmela, você tem dotes de Espírito benevolente e isso muito me cativou. Jamais imaginaria que viesse obter ensinamentos tão dignos e edificantes para minha alma. Você saturou-me o Espírito com grandezas. Tenho muito a agradecer-lhe por esse gesto de amor. Sua dedicação para com Deus e suas beneméritas palavras me estimularam ansiosa esperança e muita alegria para aguardar a chegada de meu pequenino rebento.

Fitou por instantes os olhos de Pâmela, enquanto os seus marejavam, e voltou a dizer:

— Posso visitá-la e oferecer presentes para o bebê, você e seu marido? Por favor, não quero que se ofenda! É pela amizade que floresceu em minha alma que peço nos aceite como amigos e receba nossa gratidão por sua simpatia. Você revitalizou a luz que se entibiava em meu Espírito. Há quanto tempo? Não sei dizer, mas há muito ela não brilhava com intensidade alguma. Sim..., o orgulho, a vaidade, a paixão pelos prazeres mundanos reprimiam-me a missão maternal e impediam-me de perceber o quanto eu me desatinava para com Deus. Bastaram-me suas sensatas palavras sobre o amor e sua incontestável lealdade para com a vontade do Pai de confiar-lhe um de seus filhos, para que me elevasse a moral e me permitisse o desejo de conhecer seu mundo iluminado.

— Sinto muito — procurou esclarecer Pâmela —, mas não vivemos em terra firme. Nosso solo é submerso. Moro em mansarda erguida sobre palafitas. Para chegar à minha casa caminhamos com água até os joelhos, isso, caso não haja alguma chuva que eleve o nível das águas, dificultando ainda mais o acesso de quem não esteja aclimatado ao tipo de morada. Não vale a pena compadecer-se, bondosa mulher, nem prevalecermos de nossa vontade, porque existe muita lama pela qual devemos andar. Em verdade, carecemos de vida melhor, mas não atingimos o necessário que nos permita habitar lugar mais apropriado. Contudo, amiga, sentimo-nos realizados, pois viemos predestinados para isso de outra existência, com certeza.

Pâmela silenciou por alguns instantes, olhando fixamente o infinito. Cerrou os olhos, suspirou profundamente e retornou ao diálogo:

— Aprecio, deveras, sua generosidade, mas, por favor, compreendam-me, sobretudo porque a suscetibilidade da senhora poderá expô-la a enfermidades, mormente agora que espera pela vinda de seu filhinho. Ficar-lhe-ei muito grata por sua bondade e rogarei ao Senhor que lhes proporcione momentos felizes e harmoniosos, e que sua flor jamais perca o frescor e esteja sempre viçosa no caule da vida, conservando, na alma, o brilho das estrelas. Conhecer vocês foi deveras edificante para mim.

Pâmela despediu-se e, quando se retirava, ouviu a voz do jovem marido até então circunspecto:

— Senhora! Quero ofertar-lhe uma pequena soma, que lhe poderá servir para o nascimento de seu bebê!

— Desculpe-me, senhor, mas não posso aceitar – replicou a ambulante. — Essas moedas lhes pertencem enquanto que meu futuro está nas mãos de Deus. É somente d'Ele que devem vir as recompensas. Sou prestadora de contas na Terra, portanto, estarei comprometendo meu conceito moral caso aceite sua oferenda. Devo corrigir, com dignidade, minhas faltas inerentes a vidas passadas. Nós, eu e meu marido, não soubemos nos organizar no pretérito, por esta razão, havemos de suportar nosso jugo sem lamentação. E digo: A vida é bela, senhor! Nada temos a reclamar! Quero dizer-lhes que somos hoje o que deixamos de ser no ontem! Que Deus os abençoe!

— Espere! Como é mesmo seu nome?

— Pâmela, senhor! Pâmela.

— É um nome bonito e diferente. Aceite, senhora Pâmela, por favor! A senhora nos leva a crer na existência de um Todo Poderoso e que Ele espera de nós a dignidade do bem. Então, por que não aceita nossa oferenda que poderá auxiliar seu filhinho e ensejar-nos a prática do bem? Assim estaremos cumprindo a vontade de Deus, agradecidos a você por nos mostrar a realidade de vivermos dentro de nossas próprias limitações. Mostrou-nos, ainda, o dever de sermos condizentes conosco. É verdade. Devemos estar sempre em harmonia, a fim de que nossa alma se renove. Mantive-me em silêncio enquanto vocês conversavam e me foi importante, pois descobri, por mim mesmo, que a vida não se constitui de orgulho e de vaidade, mas, com certeza, de amor e compreensão.

— Ó Senhor, compreendo seu gesto nobre, mas não posso aceitar. Nada do que lhes falei merece recompensa. Em verdade, nem me recordo de minhas palavras. Talvez tenham sido por intuição da natureza humana ou por inspiração vinda dos Altos, mas a realidade é que eu queria mostrar-lhes minha felicidade por estar esperando esse – alisou o ventre e continuou — consagrado embrião, que certamente trará alegria para nosso lar humilde.

Pâmela envolveu-se com seus próprios braços, como se estivesse abraçando o próprio corpo e, olhando-os com ternura, disse:

— Estou tão feliz que quero espalhar a todos os meus enternecedores sentimentos.

Mas o interlocutor replicou:

— Minha oferenda não será pagamento por serviços prestados, tampouco espórtula. Em verdade seria a forma de mostrar nossa gratidão por sua bondade de transmutar paz para nossa alma. Você iluminou a vida que nos pertence.

O futuro papai suspirou e, com humildade, voltou a dizer:

— Quero confessar-lhe que estávamos em dúvidas quanto a aceitarmos nosso filho vicejante no ventre de minha mulher. Para nós, o nascimento seria inoportuno, porquanto pretendíamos deliciar-nos com os prazeres que o mundo nos oferece, então pensávamos que essa criança viria obstar nossas pretensões. Confesso que programávamos sua expulsão até que nos ministrasse essa bela lição de amor, conscientizando-nos de que um filho é muito sublime e sua fecundação é planejada pelo Criador.

— Sim, senhor, e digamos que vocês estarão coadjuvando o renascimento de um Espírito que necessita retornar à Terra, a fim de cumprir o dever prometido ao Pai!

O futuro papai soltou triste soluço e, com a voz embargada, insistiu:

— Aceite como prova sincera do nosso reconhecimento por seus preciosos conselhos e, sobretudo, porque você persuadiu-nos de que Deus realmente está presente em todas as nossas ânsias e nossas alegrias. Por intermédio do nosso corpo, Ele faz crescer pessoas capazes e generosas como você.

Alisou o ventre da esposa. Em seus olhos minaram grossas lágrimas, arrependido pela maldade que planejava contra sua indefesa criatura. Fitou Pâmela, com carinho. Confortante mescla de lágrimas e sorriso refulgiu em suas faces, enquanto ele estendia a destra com o maço de notas, instando:

— Por favor, aceite! Não por você, mas por esse serzinho que logo virá conhecer o sol da Terra, pois, pelo que aprendi com você, há retorno à existência terrena e a vida corporal é imprescindível para a educação da alma. Aceite! Você merece nossa oferenda, principalmente por nos transmitir a compreensão de que não devemos negar o direito de viver na Terra ao Espírito confiado ao ventre de minha amada. Obrigado, Pâmela! Você foi a luz encaminhada para clarear nossas veredas.

Enquanto o homem insistia, sua esposa chorava, também lembrando-se dos momentos em que tramavam a destruição da vida do próprio filho. Então, com doçura na voz, ela interferiu:

— Pâmela, por Deus, aceite! É tão pouco diante da grandeza do que você nos ensinou! O gesto de meu esposo não visa ofendê-la, mas presenteá-la ou presentear seu filhinho. Você salvou o nosso com seu esclarecimento amoroso. Sua recompensa por isso virá do céu.

O futuro papai aparteou:

— Para nós, Pâmela, você se tornou uma criatura divina. Jamais haveremos de esquecer esse dia de hoje, tão importante para nós! Retornaremos mais vezes a esta praia e gostaríamos de encontrá-la, juntamente com seu filhinho, e, acredite, com seu marido, pois apreciaríamos muito conhecê-lo.

A vendedora ambulante replicou:

— Antes, quero dizer-lhes que já ganhei, neste momento, a amizade de vocês, o meu melhor presente, ou seja, a recompensa de Deus que a senhora acaba de mencionar. Tenho convicção de que meu marido apreciará, deveras, conhecê-los. Ele é excelente criatura. É reconhecido por suas qualidades dignas. É boníssimo e trabalhador. Gostaríamos de viver na cidade, mas, infelizmente, não há empregos para pessoas privadas de aprimoramentos escolares. Não tivemos oportunidades para ir além do primário. Mas ganhamos de Deus essa morada que, para nós, é um lugar ao sol, porque, nela, nossa união é feliz. Vivemos dos frutos do mar. Enquanto fico na praia, meu esposo vende seus pescados para pessoas que gostam de prepará-los. Não auferimos grandes resultados, mas, ainda que parcos, são suficientes para nos alimentar e, uma vez por ano, adquirimos algumas vestes e calçados para nós, sem contar que estamos preparando o enxovalzinho do bebê, já bastante para recepcioná-lo. Por tudo que conseguimos, damos crédito em Deus, pois Ele não nos abandona!

— Pâmela, como é mesmo o nome de seu marido? – inquiriu o homem interessado em sabê-lo.

— Carlos Eduardo, meu senhor.

— É só pescar que ele sabe? Ou existe alguma outra profissão que lhe possa ser oferecida?

— Infelizmente, meu senhor, ele não tem conhecimento de outra atividade, senão cuidar de jardins, pelo que tem imenso prazer. Ele adora zelar da natureza e proteger os animais. Quando há escassez para nosso trabalho no mangue, nós nos dirigimos para a cidade em busca de limpeza de quintais e zelo de flores.

Pâmela soltou um suspiro profundo e retornou ao assunto:

— Mas a cidade é tão distante! Ele só volta para casa à noite. Mormente agora, que não posso acompanhá-lo porque estou em fase de gestação, ele se preocupa demasiadamente com meu isolamento naquele mundo ermo em que vivemos. Não há recursos, além de nosso pequeno barco que, a bem da verdade, está velho e bastante fissurado. Eu sozinha já não consigo conduzi-lo, porque é necessário que outra pessoa remova a água que penetra pelas frestas. Mas sempre tudo corre bem.

O homem, convertido pelas comoventes palavras de Pâmela, ficou pensativo e sentiu imperioso desejo de fazer algo em prol daquela mulher. Olhou para sua esposa, denotando sua vontade. Ergueu-se da areia e ajudou sua companheira a levantar-se. Com o coração acelerado, pediu que Pâmela retornasse no dia seguinte. Ela prometeu estar, na mesma hora, pois era ali que auferia moedas para o sustento da casa. Despediu-se e foi desaparecendo na neblina da maresia.

2
Lara e Fred

Pâmela não cumpriu o horário combinado. Resolveu antes visitar as imediações para vender os siris, posto que, no dia anterior, não os conseguiu comercializar, por ter absorvido seu tempo com a longa conversa com o casal. Mas não se arrependeu. Sentiu-se aliviada. Foi como se houvesse cumprido uma celestial incumbência de suscitar, na alma daquele casal, sentimentos maternais e paternais então inexistentes. Com a testa molhada pela exsudação do calor causticante, aproximou-se dos visitantes, cumprimentou-os com muita fineza, perguntou se haviam passado bem à noite e escusou-se por tê-los feito esperar.

O jovem futuro papai, estampando sorriso de satisfação por vê-la, ergueu-se da areia onde estava sentado, estendeu a destra saudando-a com alegria e disse emocionado:

— Ontem, você, amiga, causou-me forte emoção. Agora, perguntou se passamos bem à noite. Respondo-lhe que não. Não me foi possível conciliar o sono. Minha mente foi invadida por tempestuoso turbilhão, levando-me à miséria inexplicável. Senti como se nada existisse em meu cérebro. Como se não houvesse tido explicação alguma sobre nossa vivência terrena.

Cerrou os cílios e suspirou com força. Ao abrir os olhos, esboçou amigável sorriso, continuando:

— Mas, na manhã, quando despertei dessa noite mal dormida, minha mente manifestava conclusão sobre como induzi-la a crer em nosso inabalável propósito de realizar algo em suas vidas. Senhora Pâmela, aceite essa quantia que lhe estamos oferecendo como prova da nossa sincera amizade que nos aflora justamente no momento em que a senhora nos preservou de cometer incorrigível estupidez.

Denotando paz consigo mesmo, voltou os olhos para a mulher, como se a convidasse a dizer algo, mas preocupava-se com o que ela diria: aceitaria ou não? Apaziguando-se, voltou ao assunto:

— Queremos que vocês comprem uma casinha aqui na cidade. Pretendemos montar nossa residência aqui e instalar nossa indústria de tecidos. Nada mais belo do que formar lindo jardim, com plantas ornamentais e gramados verdoengos, a fim de chamarmos mais atenção e deixar que os aromas das flores traduzam mais ênfase ao Espírito dos comerciantes. E, mais ainda, quero formar treliças de trepadeiras com flores perfumadas, com banco de pedras sob elas, para suscitar paz aos corações dos operários no instante de descanso, ao final de cada período de trabalho. Para tanto, vou precisar de pessoa confiável para conservar a exuberante beleza da natureza. Senhora Pâmela, eu gostaria de ter Carlos, seu marido, como zelador de meus jardins.

Após ouvir atentamente a explanação do moço, Pâmela inquiriu:

— Como é seu nome, senhor? – voltou-se para a mulher: — E o seu, bondosa senhora?

— Meu nome é Carmem – respondeu, com doçura, a visitante.

Pâmela, então, manifestou-se:

— Senhor e senhora, não tenho em minha mente agradecimento à altura da bondade de vocês, nem sei como agradecer-lhes. Mas sei que Deus é todo Poderoso; creio no Seu amor e na Sua vontade de nos valorizar na Terra, então, confiemos no empenho d'Ele para conosco. Sei que, por Ele, vocês serão recompensados por esse gesto benigno que me oferecem. Todavia, não posso aceitar sem antes levar ao conhecimento de meu marido. Vocês hão de convir em que ele poderá, sem razão, alentar desconfiança, pensando onde eu poderia ter conseguido tão vultoso valor, com tanta facilidade. Caso seja de nosso mérito, encontrar-nos-emos em outra oportunidade. Em os conhecendo, Carlos poderá receber, ele mesmo, caso ache conveniente para cobrir nossas despesas e, sobretudo, ele acredite que não esteja ferindo o orgulho próprio de homem que tenta vencer com as lides cotidianas. Tenho comigo que ele receberá de suas bondosas mãos esse montante que nos permitirá realizar nosso futuro e do nosso filhinho.

Recorrerei à compreensão e à confiança dele, para que não recuse sua generosa oferenda.

Interrompendo-se por instantes, Pâmela suspirou e, com os olhos lacrimejando, retomou o assunto:

— Procurem entender-me, por favor! Não estou esquivando-me ou desprezando a caridosa oferenda de vocês, mas não devo aceitar sem que haja consentimento de meu marido. Às vezes, me sinto penalizada, notando nele o semblante contristado, o olhar voltado para o infinito, inconformado com humilhações a que, por vezes, é submetido por pessoas inescrupulosas. Não é que exista orgulho em suas ações e em seus sentimentos, mas, segundo ele, as pessoas devem lutar com dignidade e aceitar o que está nos nossos desígnios. Certa feita, eu ouvi dizer que, quando renascemos neste mundo, trazemos esquecimento do que nos acontecera em outras vidas. Ouvi também que não devemos queixar-nos de nossas aflições, de nossas dores, de nossas decepções, porque são expiações determinadas pelo Além. Cumprindo-as, sem lamentações, é que purificamos nossa alma no decorrer desta existência terrena. Talvez meu marido seja obediente, instintivamente, a tais obrigações e quer ser ele mesmo a vencer na luta. Mas, creiam, está sendo muito difícil!

Pâmela silenciou por instante meio pensativa. Como se quisesse trazer na mente reminiscências sobre o pretérito, voltou ao assunto:

— Por vezes, suscita-me a ousadia de pensar que podemos tão somente atenuar nossas expiações para que possamos estar em harmonia com nossos próprios desejos. Infelizmente, ainda não nos libertamos de certos defeitos inatos, tais como: receio, temor, ambição que nos impõem o desejo de aceitarmos ofertas alheias, como agora. Causa-nos apreensão e constrangimento concordar com valiosa doação oferecida por pessoas tão importantes como vocês, mormente quando acabamos de conhecê-las. Talvez eu esteja sendo injusta e mal-agradecida em pensar dessa maneira, mas, por precaução, peço que protelem minha decisão.

Após alguns segundos de reflexão, retornou ao diálogo. Os amigos a ouviam, perplexos com a desenvoltura denotada pela tão simples criatura.

— Meus queridos e bondosos amigos, não raro, Carlos Eduardo lamenta, julgando-se fracassado na vida, tendo-se por ignorante porque não teve oportunidade de elevar sua atividade além de catar siris no mangue e oferecê-los às margens das estradas. Insisto em convencê-lo de que isso não é verdade! Que ele é capaz e pode crescer! Que só depende de sua coragem para enfrentar a realidade da vida. Ele sabe mais do que pensa. E o que sabe é muito importante, mas oculta sua capacidade como os moluscos se dissimulam nas conchas, sentindo-se envergonhado por não possuir formação escolar graduada. Não cursou universidades, por falta de recursos. Bem que era seu desejo obter graduação na área administrativa e financeira e montar seu próprio negócio, mas nos foi impossível. Contudo, ele sabe amar com respeito e dignidade a Deus e ao próximo. Assim é que vejo, com alegria, nosso destino e concordo quando dizem que não há como escapar do que nos está reservado.

Pâmela sorriu, denotando muito amor, e prosseguiu:

— Optamos por essa vida, porém, sabemos que podemos abstrair-nos de qualquer obstáculo que nela se nos apresente, dependendo exclusivamente de nossa inteligência. Ainda não encontramos tal solução, por nós mesmos. Por essa razão, peregrinamos aleatoriamente em busca de sanar falhas cometidas em nossa vida anterior. Talvez vocês não estejam entendendo o que estou querendo dizer-lhes, mas chegará o dia em que tomarão conhecimento de inéditos fatos, agora tão obscuros.

Pâmela sorriu fitando o casal sobressaltado e concluiu:

— Aguardemos outro retorno de vocês. Em acontecendo, por que não dizer que é a vontade de Deus e por que não aceitar essa dádiva de vocês? Despeço-me com carinho. Até outro dia, se assim Deus o permitir.

Pâmela saiu a passos largos, ansiosa porque seu companheiro a aguardava, certamente preocupado com sua demora. Enquanto retornavam para sua morada, sobre as palafitas nas águas do rio, Carlos a ouvia silencioso. Assim que a futura mamãe o colocou a par de tudo, ele, paciencioso, replicou:

— Ah, meu amor, por você e nosso filhinho que está prestes a chegar, eu aceitaria qualquer proposta. Entretanto não me sentiria bem, sem que antes tentasse, com minhas próprias forças, provar a mim mesmo que sou capaz de conseguir uma vida mais decente para nós. Acho que não devemos nos acomodar sem que provemos a nós mesmos nossa capacidade de colocar em prática o que prometemos ao Pai ao retornarmos para nossas missões terrenas.

Carlos Eduardo suspirou profundamente, imaginando se estaria certo agindo daquele modo ou se não seria a oportunidade com que o Pai lhes agraciava para retirá-los daquela miserável vida. Então ele abraçou a companheira, aconchegando-a ao peito, e osculou-lhe a fronte. Sentiu pena, mas não conhecia as pessoas que lhes propunham tamanho benefício; ademais, não conhecia suas intenções. Hesitava quanto à fidelidade de quem lhe oferecia casa e conforto assim, gratuitamente, indene de recompensa alguma, simplesmente visando a melhorar-lhes a vida. Como aceitar? Pensativo, Carlos Eduardo voltou a dizer:

— Esperemos, querida. Em sendo vontade de Deus, Ele promoverá outro encontro a fim de recebermos essa generosa oferta. Mas ainda tenho comigo que Deus nos agraciou com esta vida saudável para, juntos, enfrentarmos essa caminhada terrena. Haveremos, pois, de encontrar uma forma de obter por nós mesmos uma vida melhor. Não será justo que peguemos das mãos que oferecem o que elas construíram com seu labor. Senão seria muito fácil este mundo.

— É verdade, meu amor!

— Veja bem, caso queiram dar-me o trabalho para formação de jardim de sua indústria e de sua residência, eu aceitarei de bom grado. Então alugaremos pequena casa. Com meu salário, viveremos felizes e teremos melhor teto para agasalhar nosso bebê.

— É!... Com razão. E devo dizer que, terminando minha gestação, disporei de tempo para ocupar-me em servir, talvez à própria residência da madame Carmem.

Absortos pelo diálogo, sequer perceberam haver alcançado a margem do mangue onde residiam.

O jovem casal turista permaneceu sentado na areia da praia, sob um guarda-sol, em silêncio, com olhar vacilante, ora fixo no infinito ora na multidão de banhistas. João Paulo quebrou o silêncio perscrutador, dizendo à sua esposa:

— E eu imaginava que a vida nos era privativa; que nossa fortuna me conferia poderes extremos, até me induzia que nos uníramos para uma vida regada de prazeres. Até pensei que podia cessar a vida de um inocente, um pedacinho de nós, julgando-o empecilho para nossas paixões mundanas. Sinto-me vergado sob o jugo da vergonha ao imaginar que uma paupérrima criatura despertou-me dessa inexcedível ignorância. Convenhamos, Carmem, que aquela simplória vendedora de siris, com o espelho de sua pureza e de sua honestidade, refletiu-nos que viver na Terra é plantar amor e colher frutos que assoberbam o entendimento humano.

O homem rico, cabisbaixo, com olhos marejados, resfolegou com tristeza. Segurou na destra da esposa e lamentou:

— Fiquei decepcionado com a atitude daquela criatura. Ela recusou o que lhe oferecíamos. E nossa intenção não era senão ajudá-la, por nos despertar da obscenidade que tolhia nossa aproximação ao Criador.

Carmem acrescentou:

— É fato... E consideremos que ela nos deu prova de ser feliz e traduziu-nos que é leve seu jugo nessa travessia terrena, não obstante a mísera situação em que vivem. Isso é amor! Amor em Deus e em toda a natureza divina! Por que não mirarmos nesse espelho e caminhamos lado a lado com a verdade que ela nos expôs em poucas palavras? Por que não refletirmos sobre o verdadeiro sentimento e olharmos para dentro de nós para extirparmos o que nos impede de fazer o certo? Pois só Deus, meu amor, pode conduzir-nos ao congraçamento com o mundo, se é que realmente existe outra vida a que ela tanto se referiu.

Carmem sentia o coração tremelicar, como as folhas tremem ao sopro do vento. Teve medo e aconchegou-se ao companheiro dizendo:

— João Paulo, estou muito assustada ante tudo que nos está acontecendo. Mas descobri que amar de verdade é o que acabo de sentir por você. Essa jovem, com muita simplicidade, iluminou-me a alma e me levou a perceber que crescemos por meio das adversidades da vida que levamos. Seja ostensiva ou paupérrima, a vida é a luz de Deus que nos mostra o caminho que todos devemos percorrer. Sejam ou não escarpadas, as trilhas são demarcadas para cada criatura do Pai, mas todas elas se encontrarão no amor de Deus. A caridade e o perdão são a essencial vontade D'Ele. Caminhando unidos com único sentimento de amor, encontraremos um lugar ao sol, onde viveremos em estado de graça, de harmonia. A luz brilhará para todos e não haverá conflitos. Gozar a vida é estar com o Espírito de Deus, porque Ele reina no céu.

Realmente, a vida é fruto do poder do Criador. Através dela surge-nos toda e qualquer sintonia do amor do Pai por nós. É assim a intenção primordial delineada pela criativa do Senhor. Deveríamos ser justos e obedientes às revelações de Deus. Não deveríamos hostilizar os ensinamentos de Jesus, pois eles nos conduzem ao alcance da verdade consumada no amor. Jesus

> entregou-se para cultivar a vida humana que será definitivamente acolhida em sua bondade eterna. Sejamos compreensivos com essa verdade. A vida é uma bênção com a qual cumpriremos nossas obrigações em agradecimento às benesses do Criador.

Decorrido certo tempo, João Paulo e Carmem decidiram instalar, na capital maranhense, uma sucursal de seu estabelecimento industrial com sede em São Paulo.

A empresa prosperava em ritmo acelerado, mormente em face das exportações. Carmem tinha todo o tempo ocupado com as lides empresariais. Raramente ela visitava a praia, eis que ficara sem notícias de Pâmela. Ademais, tinha grande preocupação com a linda criatura que Deus e Pâmela lhe haviam preservado no mátrio. Os momentos de sua vida estavam tão comprometidos, que se esqueceram do compromisso com Pâmela e Carlos Eduardo.

Decorrido certo tempo no Maranhão, João Paulo e Carmem houveram de retornar para São Paulo, a fim de atender à premente necessidade de suprir a ausência do genitor no comando da indústria de tecidos. O genitor ficara gravemente enfermo e a empresa estava sendo administrada pelo filho mais moço. A inoperante aptidão do rapaz expunha a empresa à mercê de pessoas arbitrárias, mal-intencionadas, com tendências fraudulentas. Aliás, a empresa já estava sendo vítima de logro.

O jovem Nivaldo, irmão mais novo de João Paulo, delegou a certo funcionário poderes absolutos para gerir as transações da empresa, enquanto que ele, Nivaldo, apenas referendava, não se incomodando com os aspectos que implicassem resultados negativos para a indústria. Aliás, as vantagens auferidas beneficiavam o restrito interesse de ambos. Agiam meticulosamente a fim de dissimular as fraudes, mas desconheciam a presença de outro servidor, valoroso preposto do patrão. Este, à ausência do empresário enfermo, defendia ferrenhamente a integridade de toda a transação da indústria. Na penumbra da noite e da verdade descoberta, o preposto relatou fraudes a João Paulo, por meio de correspondência com os seguintes dizeres:

"Caro amigo, Dr. João Paulo, não gostaria de ser eu a fazer esta grave denúncia. Mas, com constrangimento, devo informar-lhe que seu irmão e certo funcionário estão manipulando operários de confiança desta empresa, com a finalidade de efetivarem transações fraudulentas. Além de manterem tais relações espúrias, efetivam saques extrapolando os limites das contas bancárias. Infelizmente, seu irmão se entregou à vida mundana, aos prazeres materiais e esbanja o patrimônio da empresa, que se encontra com resultados negativos. Perdoe-me se errei em informar-lhe, mas seu velho pai não merece tal desgosto, mormente neste fim de vida que se aproxima."

Com a experiência de exímio negociante e administrador, João Paulo procurou inteirar-se de toda a escrituração contábil, vindo a descobrir todas as falcatruas do irmão e do comparsa.

João Paulo e Carmem tiveram que deixar São Luiz. Seus empreendimentos foram confiados a laborioso administrador de empresas, competente homem da lei, legalmente habilitado em advocacia.

O casal, com a cautela respeitosa que lhes era peculiar, assenhoreou dos negócios da família.

Com dedicação e paciência, João Paulo conseguiu convencer o irmão a abandonar a orgia. Nivaldo, envergonhado e reconhecendo sua incapacidade administrativa, aceitou trabalhar com o irmão e a cunhada, abdicando-se dos hábitos espúrios com que prejudicava os negócios empresariais da família.

Aqueles que usufruíram dos valores financeiros que Nivaldo havia extorquido da indústria, João Paulo não os desligou do quadro de serventuários, mas os transferiu para cargos que não lhes ensejavam ilegalidades financeiras para com a Empresa. Não queria comprometer o funcionário confiável.

Quanto ao funcionário de confiança do Pai, que havia denunciado os procedimentos espúrios, a ele foi confiada a gerência de vendas em reconhecimento à sua lealdade e à sua competência.

Carmem se sentia madona. Transformara-se em mãe zelosa e feliz. Acomodava, sempre agasalhada em seus braços, a formosa criatura, fruto de seu amor que se desenvolvia delicada, sensível e meiga.

O tempo passou. A filha de João Paulo se tormara uma jovem amada e admirada por todos. Aos dezoito anos, escolhera como presente uma viagem com destino ao exterior.

Certa manhã primaveril, de brilho radiante, a excursionista despedia-se de seus pais e embarcava no vapor que aportaria em algumas outras cidades portuárias brasileiras, atracando, por alguns dias, em São Luiz.

Ao ensejo das despedidas, os pais da menina ficaram felizes. O prazer tomava conta de seus espíritos, pela escolha da filha, sobretudo porque ela conheceria o lugar em que fora por eles definitivamente concebida, por força das palavras sábias de uma simplória mulher, mostrando que aquela sementinha, plantada no mátrio de Carmem, seria bênção divina em suas vidas. Suspiraram e rememoraram os ditos ensinamentos da vendedora de siris; sentiram desejo de vê-la.

A jovem Lara partiu.

Em São Luiz, houve permissão para que os turistas visitassem a cidade.

Lara encantou-se com lindo rapaz, escolhendo-o para seu cicerone. Optou que ele a levasse em lugares bem pitorescos. Com voz maviosa, aproximou-se do jovem, apresentando-se e dizendo ser ele o escolhido para conduzi-la às partes mais belas da cidade, por denotar ser um jovem respeitador. Fitando-o, perguntou:

— Qual o seu nome?

Ele, com expressividade, respondeu:

— Obrigado pela confiança. Meu nome é Frederico, mas usam chamar-me de Fred. Antes, devo dizer que não deveria conduzi-la a outros locais de visitas, sem antes sugerir que conheça as belezas que nos oferece o caminho das paisagens marítimas. Sou um profissional da Guarda Costeira que se faz de guia aos turistas, mostrando-lhes os aspectos importantes que circundam as margens das águas onde deságua o rio. É uma paisagem que deslumbra as pessoas de bom gosto. O passeio é edificante, senhorita. Fica ao lado deste imenso mundo de águas marítimas.

Frederico era um rapaz airoso, capaz de agradar aos mais exigentes Espíritos humanos. Denotava em seu olhar a sublime inspiração celestial. Era fruto de bondade, semelhante à beneficência do Alto. Mostrava no semblante seu caráter próspero, repleto de êxito, pois era deveras condescendente e feliz. A pobreza não o intimidava. Levava a vida com naturalidade sempre obtendo resultados satisfatórios. Sua cútis era amorenada como o jambo. A conformação física era atlética. O peito era musculoso e todo coberto por pelos. Os cabelos e os olhos eram negros, como noite sem estrelas. Naquele dia, ele usava calça preta e camisa branca com botões de madrepérolas, combinando com simples trancelim que pendia em torno do pescoço e dava impacto com as cores escuras do cabelo e dos olhos, realçando com mais expressividade sua beleza máscula.

A jovem fixou o olhar no rapaz e sentiu seu coração descompassar. As pulsações eram céleres como asas de colibri. As mãos gelaram pela exsudação provocada em face do turbilhão amoroso que acabara de invadir seu coração. Com ternura na voz, ela perguntou:

— Fred, há muito trabalha com barco?

— Não tenho de que reclamar. Senhorita, eu vivo no barco desde o meu nascimento. Cresci dentro dele e com ele venho singrando as águas. Ele, senhorita, estimulou meu desejo pela navegação e quero concretizar meus objetivos. Hoje, graças à minha disposição espontânea, minha vontade e meus esforços, minha vocação está sendo realizada e a tenho como de ótimo proveito. Senhorita!...

— Lara!

— Bonito nome! É tão suave quanto o conjunto corporal.

Lara enrubesceu-se com os ousados elogios do rapaz, inclinando a cabeça. Seu coração pulsou mais forte. Lentamente ergueu os olhos e, sentindo-se lisonjeada, disse apenas uma palavra:

— Obrigada!

Fez silêncio e ajeitou-se no assento rústico do barco. Olhou para o alto e encantou-se com a beleza límpida do azul infinito. Voltou os olhos para Fred e sentiu imensa ternura. Perscrutou-lhe o porte varonil, elegante e airoso e o comportamento elevado; havia tanta seriedade em sua postura que se ajustava, perfeitamente, a uma pessoa bem instruída, com essenciais hábitos.

Lara percebeu que Fred se tratava de pessoa bem informada com evidente educação familiar.

Desejou sair com ele mais vezes e sondar-lhe o conhecimento formal. Ela o via com imensa admiração, em especial porque ele demonstrava evidente orgulho e incontestável afeição pelos pais. Lara suspirou profundamente e cerrou os olhos por instantes, imaginando como seria a vida daquele jovem que se apresentava tão comunicativo e amável. Entretanto, havia percebido que seu cotidiano era agitado em face de seu labor e dos estudos à noite. Não obstante a faina exaustiva, o moço esbanjava alegria. Seu olhar apaziguava a perturbação das pessoas. Era uma luz irradiando amor.

3

Amor do passado

Fred conduzia o bote com extrema elegância! Lara se entusiasmava, cada vez mais. Discretamente ela o observava. Curiosa afeição, jamais experimentada por ela, agora alimentava seu espírito, de maneira calorosa. Cerrou os cílios, arrancando suspiro do fundo de seu íntimo. Ela gostaria de descobrir a causa daquela sensibilidade, que lhe provocava respiração ardente, que desafiava seu corpo, suscitando-lhe forte desejo. Mas que frenesi seria aquele? Jamais lhe havia ocorrido tão estranha sensação. Ela ainda não havia conhecido alguém que lhe amotinasse tanto o coração! Isso lhe constituía grande surpresa! Olhou para o encontro das águas com o azul do céu e pensou:

— "Em meu peito, estará desabrochando a flor que se chama amor, assim como dizem? Será que estou descobrindo essa afeição sublime das Alturas? Ah, Deus! Soubesse eu dessa verdade, faria o tempo passar com bastante vagareza, para que, com ele, eu pudesse volver céus e mares, ainda que houvesse de arrostar a fúria dos ciclones devassadores. Sim, pois sei que meus pais jamais aceitariam esse belo rapaz como eleito do meu coração. É certo que a tempestade virá com vendavais arrasadores. Em que devo agarrar-me para sustentar essa descoberta, que é o amor?"

Interrompeu seu pensamento e sentiu-se como se perdesse naquele universo tão lindo, que acabara de descobrir. Sentiu-se incapaz para coordenar seus pensamentos. Era muito jovem e ainda não havia despertado para aquele mundo de sentimento puro e agradável para ela. Voltou a pôr em prática o pensamento:

— "Por que meu coração bate descompassado, ávido pela resposta que procuro? Não seria melhor interromper minha viagem e permanecer aqui, até que obtenha reações concretas? Seria amor à primeira vista? Isso existirá? Meu Deus, o que me está acontecendo?"

Lara não conseguia decifrar aquele enigma. É claro que, para ela, estava sendo como viver na obscuridade total. Tudo lhe parecia desconhecido, pois não havia experimentado tão doce sentimento.

Voltou a pensar:

— "Estarei enlouquecendo? Meu Deus, ó meu Deus! Por que esse fervor em minha alma? Será a descoberta do meu amor por esse rapaz, de cujo sentimento eu ainda não tinha provado o sabor? Mostre-me, com mais evidência, essa insígnia do Senhor"!

Quando estiver escrito no astro, pelas mãos dadivosas do Criador, torna-se inevitável. Fred e Lara foram encaminhados à Terra para este encontro, sob cuidados de Espíritos transcendentes, sublimes, a fim de corrigirem faltas em épocas passadas, em cujas

> vidas pretéritas não se cumpriram as relações programadas pelo Pai. Há, no esplendor infinito, a formação de vidas afins. Lara e Fred já foram submetidos a muitos retornos à vida terrena.

O entusiasmo de Fred não lhe permitia perceber a dileção, por ele, reinante na alma de Lara. Não divisava a inquietação daquela criatura que, para ele, fora uma descoberta divinal. Mas, naquele momento, dissimulava sua emoção e não se comportava senão como abnegado cicerone. Mostrava as belezas naturais, dissertando detalhadamente sobre os importantes lugares. Mas Lara não prestava atenção. Ela estava embebida em seus pensamentos. Descerrar o véu da inocência e deixar seu coração mover-se ante a realidade da vida estava sendo precoce para ela. Mas o certo é que ela estava amando de verdade. O virtuoso sentimento surgira de repente em sua alma inocente. De olhos cerrados, imaginava como pôde desconhecer tão doce e terna afeição, que o Criador implanta nos corações de suas criaturas. Com certeza, o amor dormitava em seu íntimo para despertar-se nesse oportuno momento.

Lara despertou do transe, quando o rapaz colocou sua mão sobre as dela e disse com carinho:

— Acredite, senhorita Lara! Esta região é a mais linda destas paragens. Assim é que a vejo. Esta mata é enriquecida com árvores que produzem belas flores. Em aguçando nossa percepção olfativa, perceberemos o aroma suave, ainda que estejamos a certa distância. Este recinto tornou-se excelente convite aos casais enamorados, porque se distingue pelo fenômeno de sua beleza natural. É como se a gente estivesse em um éden. Para minha alma, esta maravilhosa parte que divide estas terras marítimas, é um paraíso que só um amor delicado constrói para os apaixonados da Natureza.

Fred fitou os lindos olhos de Lara e disse com sussurro de voz:

— Quando se é um amor com prioridade bastante exclusiva.

Lara sentiu todo corpo tremer. Estaria ele sendo intuído daquele sentimento que havia aflorado em seu coração?

A jovem cerrou os cílios e suspirou com força. Ao abrir os olhos, inebriou-se com a beleza natural do lugar. Realmente era encantador. Com certeza o aroma era saudável. Seria influência das palavras de Fred, ou era o sublimado amor que aflorava em sua alma? Tal hesitação dominou-lhe o espírito. Fred estaria alimentando sentimento idêntico ao que ela descobrira? Será que em sua alma aportava aquela sensação tão gostosa? Envolta em seus pensamentos, assustou-se quando o rapaz, com delicado gesto, tocou seus ombros e informou-lhe estarem na reta final.

— Senhorita Lara, chegamos à demarcação da Guarda Costeira. Seria impossível prosseguirmos. Logo ali, a pequena distância, encontra-se o mangue onde vivo com meus pais. É um casebre construído sobre palafitas, pelas mãos de meu pai.

Suspirou profundamente mostrando na voz satisfação com tudo que revelava sobre a vida dos genitores

— Eles, senhorita Lara, são pegadores de siris. Não me envergonho por isso, muito ao contrário, tenho orgulho por haver nascido neste humilde lar. Sinto-me abençoado por Deus me agraciar com o privilégio de ter sido gerado no ventre de uma excepcional mulher. Meus pais me ensinaram que a felicidade está em nós, se soubermos conduzir a vida. Eu os tenho como criaturas honradas. Cresci acompanhando suas lutas na dificuldade de me criar. Graças às parcas moedas conseguidas com as vendas dos crustáceos é que me levaram à faculdade. Estou no quarto período de Engenharia Naval e gosto do que faço.

Silenciou por instante, fez leve contração muscular nos lábios e prosseguiu:

— Sabe, senhorita, sinto-me lisonjeado, tanto neste trabalho como nos estudos. Também digo que sou muito feliz e me empenho com carinho, pois hei de ser um engenheiro da Marinha Naval.

Voltou a respirar com força haurindo inspiração em seu íntimo e retomou a conversa, fitando com ternura o balanço das águas:

— Para compartilhar de suas lutas cotidianas, empenho-me neste trabalho. Embora humilde, rejubila minha alma movida pelo amor maternal. E é por isso que empenho mais ainda para alcançar meu objetivo. E veja, senhorita, que graças a

Deus e aos meus amados pais, sou o primeiro do grupo. Graças a tal vitória fui premiado com uma bolsa de estudo e já fui informado de que haverá um trabalho à minha espera nos Estados Unidos. Estou dizendo isso à senhorita sem pretensão de me engrandecer, pois na realidade é aos meus pais que devo atribuir tais méritos.

Fred fez pequena pausa e sorriu feliz. Fitou os lindos olhos da jovem, estendeu a destra segurando a dela e voltou a falar com entusiasmo:

— Gostaria que a senhorita os conhecesse, mas não me é permitido conduzir turistas até o mangue. Ademais, como já lhe disse, moro em paupérrimo lar. Embora sejamos felizes não obstante vivermos sobre a lama do mangue, pois para nós a vida se constitui de amor. Não devemos subestimá-la por sermos desprovidos de abundantes recursos financeiros. Realmente somos necessitados de coisas materiais, mas Deus nos deu inteligência para que nós a usemos para nosso progresso; é o que estou tentando fazer.

A jovem, deveras encantada, interferiu com tenacidade, inflando o peito:

— Concordo com você. Ouvindo-o dizer tão bem de seus pais, impõe-me o desejo de conhecê--los. Terei muito orgulho por visitá-los e conhecer seu mundo. Isso me inspira prazer.

A moça ostensiva trejeitou como menina mimada, recuando com denguice:

— Fred, por favor, chame-me apenas de Lara, só Lara. Quero sua amizade, mas as formalidades às vezes não contribuem, senão para distanciar nossa tão desejada simpatia. Neste momento, aprendi com você que amar não é convencional. Você ensinou-me a amar de um modo diferente do que eu aprendera em meu meio social.

Olhou fixamente para ele e prosseguiu com intrepidez na voz:

— Estou amando-o!

As últimas palavras foram ditas com o coração acelerado. Corando-se por haver tomado tal iniciativa amorosa, a moça intentou atenuar o impacto causado pelo pejo:

— É, Fred, gostei muito de seu desprendimento atencioso e, durante esta minha estada em São Luiz, gostaria de tê-lo como cicerone, se possível, todos os dias, a fim de que eu possa melhor conhecer a cidade. Aceita ser meu guia?

— Com imenso prazer, senhorita, pois você é uma criatura agradável, todavia, minhas atividades na Guarda Costeira não me permitem ir além das águas, enquanto não finalize o dia.

Fitou a jovem, acrescentando:

— A não ser que...

Inseguro, suspirou, preocupado com o que pretendia dizer, mas continuou:

— A não ser que seja após as vinte horas, então estarei ao seu inteiro dispor para cumprimento de meus deveres respeitosos.

— Fred!... Já não pedi para acabar com essas formalidades? À noite não haverá comprometimento para com a frequência em sua faculdade?

— Estou certo de que não! Aliás, faltar a qualquer obrigação com o egrégio privilégio de estar ao seu lado não me constituirá comprometimento algum, ao contrário, me ensejará intenso prazer.

— Preocupa-me é que seja prejudicado em face da bolsa com que foi contemplado! Em lesando seus estudos, eu o dispenso, mas me confesso agradecida e prometo vir vê-lo sempre, neste lugar, onde nos conhecemos. Ademais, as normas do navio não permitem que dele me ausente, à noite.

— É!... Eu compreendo! Há muito exerço essas atividades e sei que os turistas estão sujeitos a tais proibições. Para isso é que as embarcações organizam em seus conveses boas noitadas, com shows de artistas famosos.

— Lamento que devo embarcar dentro de uma semana para o exterior, onde permanecerei por quarenta dias, caso lá não me sinta aborrecida. Surge-me leve impressão de que já me encontro constrangida, porque apreciaria permanecer aqui por tempo indeterminado, a fim de conhecer melhor esta cidade, pois meus pais a elogiam muito, dizendo tratar-se de um lugar encantador. Enquanto aqui estivermos aportados, penso que posso reivindicar direitos que me desobriguem de ficar retida no navio e creio que conseguirei. O comandante, amigo de meu pai, por certo não me negará tal concessão. Você não acha?

— Bem!... Dependerá da senhorita!

— Fred!...

— Desculpe-me! Mas não sei se devo opinar sobre essa intimidade a que senhorita se refere, a fim de me preservar da intransigente disciplina naval.

— Está bem, Fred. Que seja feita a sua vontade. Não obstante, ainda acho que você não deveria ser tão formal perante os critérios educativos recebidos há tanto tempo. Não quero dizer que estejam errados. Não, pelo contrário, admiro a educação com que você foi preparado por seus pais, embora pense que você deva desprender-se de certas inflexibilidades. Quero sua amizade, Fred. Você me inspirou confiança.

— Não será fácil mudar minha forma de tratamento para com as pessoas, mas, por cortesia, posso chamá-la por Lara. Satisfeita?

Lara sorriu feliz. Cerrou os olhos e falou com segurança:

— Obrigada, Fred. Assim você me deixa mais à vontade.

Ao descerrar as pálpebras, encontrou nela fixado o belo par de olhos negros do jovem. Parecia dizer-lhe: "quero-a tanto, quanto você me quer". Lara acorreu sua alma na qual aflorava a flor mais bela, a flor do amor, desabrochando-se em caule sem espinhos. Ela não queria que seu espírito se envaidecesse antes que se anunciasse a verdade sobre o que estava sentindo. Não seria pelo fato de o rapaz ser educado e bonito? Suspirou profundamente prometendo a si mesma conter-se para preservar-se de eventuais ferimentos. Fitou o rapaz e, constatando sua incontestável simpatia, disse:

— Você está saturando-me a alma de alegria. Serão essas lindas cenas exibidas pela Natureza a me despertarem sentimentos íntimos? Mas é mais certo que você me encanta com suas excelentes maneiras.

Enquanto ela falava, Fred chegava ao ancoradouro de onde iniciaram a partida. Encerrava-se a efêmera viagem do turismo daquele dia. Lara, emocionada, disse com muito afeto:

— Hoje mesmo me transferirei para um hotel. Aguardo-o antes do anoitecer. Prometo comportar-me direitinho. Não lhe darei trabalho. Quero apenas que me ciceroneie a paisagens bonitas e atraentes — ela se expressou com simpatia e gracejo.

O pleito da moça ao comandante da embarcação havia sido concedido. Por isso, ela se mostrava emocionada e radiante. Seu coração pulsava em ritmo acelerado, porém, com sentimento de sublimação.

Fred tentava reprimir o amor que se exacerbava em sua alma. Temia porque a mórbida afeição lhe surgira inesperadamente, para a qual ele se sentia despreparado, mormente porque descendia de família desprovida de esmerada educação e de recursos financeiros. O insuficiente valor com que os pais o podiam ajudar para manutenção de seus estudos, ele o completava com remuneração que obtinha por meio de seu trabalho. Tendo em mente que Lara não pertencia ao seu mundo de carências, ele deveria afastar-se dela antes que a acendrada veneração se lhe grassasse indelevelmente por toda a alma e se transmutasse em irrevogável amor.

> Fred não podia imaginar que aquela afinidade era provida pela bondade divina, desde um passado distante, vivido por eles em

> liames terreais. Eles foram enobrecidos por seus méritos e por dotes morais, e contemplados com retorno à vida corporal. Este encontro acabara de ressurgir para que caminhassem, passo a passo, rumo à progressão espiritual.

Fred e Lara, de mãos unidas, um frente ao outro, fitando-se amorosos e emudecidos, sentiam a atmosfera soprar aromas deleitosos e sublimados sobre eles, levando-os a atingirem glórias celestiais.

Caso suas visões corporais fossem dotadas de maiores vibrações, veriam na beleza universal raios reluzentes que desciam direcionados a eles, resplandecendo suas almas enamoradas.

Das numerosas jovens que o assediavam, nenhuma despertara em Fred tanta emoção quanto a que sentia naquele momento. Lara era especial, uma criatura maravilhosa. A despeito de suas virtudes e de seus encantos, Fred pretendia que ela não percebesse seu inconteste interesse. Aliás, o pensamento do rapaz era afastar-se da formosa donzela o quanto antes possível. Ela era rica, mimada e muito caprichosa. Até quando se disporia a entregar-se aos seus braços fazendo juras de amor, para logo o abandonar? Não! Precisava afastar-se.

Mas, e a força do seu amor, como se resolveria ante tal separação? Quanta dor já sofria! Em tão pouco tempo já se lhe predizia tal frustração! Assim ele imaginava. Ele se considerava frágil por não conseguir proteger-se desse fascínio incompatível com sua casta. Como desfazer esse nó em que se havia prendido? Lara não era uma jovem que se ataria definitivamente a um rapaz insólito, avesso aos seus costumes e tradições. Ele próprio se considerava de hábitos opostos aos daquela jovem que lhe parecia de posição antagônica. Sua fortuna se resumia no convívio maravilhoso que mantinha com seus pais. Um amor filial dedicado, puro e verdadeiro. A vida da família era de pauperismo, mas a índole era de absoluta honestidade. Enquanto que a jovem pertencia a tradições nobres, família socializada e faustosa, afeita ao luxo. Ele!... Criara-se na lama do mangue! Embora sentisse orgulho pela índole dos pais, não obtivera cultura suficiente para conceber o exacerbado luxo da moça, habituada a abundâncias conflitantes com seu convívio.

Com Lara, ocorria algo diferente. Ela se sentia uma roseira florescente. À noite, procedeu como havia prometido. Foi para um hotel de grande porte. Queria viver momentos de prazer e alegria com aquele jovem encantador e de princípios morais persuasíveis. Sua intenção era mostrar a ele que ela possuía idênticas qualidades e que nada poderia obstar-lhes o enlace. A riqueza não lhe degradava o comportamento. Ao invés, ela nem sequer atinava com o mundo de glória que seus pais edificaram. Os abundantes haveres da família nada acrescentavam às suas aspirações. Ah! Mas o amor daquele jovem! Isso sim, ela desejava, ardentemente.

Ela pretendia transmitir-lhe o direito de liberdade, a sensação da intrepidez e a convicção de que ele seria capaz para superar possíveis obstáculos que viessem a objetar àquele namoro. Para ela, Fred era o seu enviado do céu. Não sabia o motivo de tanta atração afetiva, de tanto amor em seu coração. Entretanto, ela o queria incontinente e para sempre. Ocorria-lhe a certeza de que lhe acontecera um encontro premeditado pelos Altos.

Regra do passado — Fred e Lara, desde renascimentos anteriores, vêm reforçando os liames do amor providenciado. Entretanto, foram constrangidos a se desatarem em vidas passadas, de vez que Pâmela e Carlos Eduardo, pais de Frederico, ao ensejo da presente vida, no pretérito procediam de família abastada, proprietários de imensas áreas rurais, que lhes proporcionavam considerável rentabilidade, eis que eram detentores de grandes somas financeiros. A família de Lara era de descendência menos afortunada, porém guardava insolência congênita pela família de Fred. Tal rejeição culminou na separação do casal que, desta feita, foi condignamente preparado para retornar à Terra e expiar o orgulho familiar.

4

Reencontro e revelação

Fred e Lara passaram a se encontrar todas as noites, no hotel, de onde saíam para os passeios turísticos. O jardim do amor, aos poucos, floressia em seus corações. Lara era feliz porque sua alma estava enamorada.

Chegara o dia de o navio deixar o porto de São Luiz. A continuidade da viagem, que até então era sonho de Lara, se transformara em pesadelo. O passeio ao exterior não era mais seu desiderato. Então, ela fixou os lindos olhos negros de Fred e disse:

— Ah, céus, acredite, descobri em mim um grande e perfeito amor. Eu o amo!

— Eu também a amo! Em princípio, intentei dissimular meu sentimento, inquietando-me porque sou filho da pobreza.

Envolvendo a moça em seus braços, com ternura, Fred continuou:

— Lara, você é a atmosfera de que sobrevivo! Não posso conceber que serei privado dessa brisa que me sustenta! Não sobreviverei despojado de seu amor!

Inebriada ante a paixão excelsa declarada, a moça entregou-se às carícias do enamorado. Fred afagava-lhe todo o rosto róseo, de beleza suave e graciosa. Chorando, ela pedia-lhe que a beijasse, pois queria com ela levar o calor de seus lábios, dizendo:

— Ó Fred, esse efêmero lapso de tempo com que fomos agraciados para nos conhecermos foi bastante para estigmatizar-nos a alma. Desde o momento em que o vislumbrei, na plataforma marinha, meu espírito se abastou com a esperança de ter sido contemplado com um sentimento jamais experimentado por mim, o amor.

O jovem a osculava com ternura. Eles pareciam estreitados por uma elevação espiritual.

Certa unificação amorosa, vinda do celestial, que saturou de gáudio seus corações. Em tal regozijo, Lara declarou que não mais se comprazia com retomar a viagem. Porém, recordando com carinho a dedicação dos pais, que não se opuseram ao seu pedido, ela prosseguiria, mas logo retornaria.

Lara deixou São Luiz e partiu para o exterior. Mas a melancolia apoderou-se de sua alma. Seria tudo muito belo, caso Fred estivesse ao seu lado. A viagem foi longa e exaustiva. Entediada pela ausência de Fred, ela retornou pelo meio mais rápido, o avião. Chegando a São Luiz, comunicou aos pais por intermédio de lacônico telegrama: *"Queridos voltei estou Capital Maranhense final férias explicarei motivos abraços"*.

Retornando ao lar, Lara revelou aos pais a comovente descoberta em sua alma. Ela estava amando um rapaz pobre, mas de índole distinta, bom, educado, honesto, que lutava para alcançar seu objetivo:

— Percebi, meu pai e minha mãe, que me transformei. Não sou mais aquela menina agasalhada sob as asas maternas e paternas. Quero me transferir para a Faculdade de São Luiz, pois descobri que minha vida está presente naquele mundo diferente do nosso. Amo Fred. Jamais conseguirei viver distante dele. Fred me despertou o amor verdadeiro que eu jamais havia experimentado. Um sentimento mavioso, que transmitiu esperança e paz a minha alma.

João Paulo e Carmem se entreolharam e recordaram Pâmela. Lembraram-se das palavras ditas pela simplória mulher. Com humildade, ela salientou a indecisão do casal, em conceber a vinda da filha para reencarne na Terra, conduzindo-os à conversão, conscientizando-os do amor mais puro. Com a revelação de Lara sobre seu amor, eclodira na memória do casal a promessa que haviam feito àquela criatura digna. Todavia, não cumpriram senão o que havia prometido a si mesmos, ou seja, extinguirem o orgulho e a vaidade que alimentavam no íntimo e conceberem o fruto que vicejava no ventre de Carmem.

Entreolharam-se amargurados, cerraram os cílios, pois ambos sabiam qual era a razão. O ocorrido com a menina os levou à reminiscência do passado distante quando, visitando aquela praia, onde pela primeira vez sentiram-se prazerosos com a concepção agraciada pela vontade de Deus. João Paulo, segurando a destra de Carmem, aconchegou a filha ao peito dizendo:

— Filha, nós também descobrimos a razão de nosso viver em uma das praias daquela cidade.

João Paulo olhou para Carmem com muito carinho e prosseguiu:

— Portanto, devo dizer que não queremos vê-la em sofrimento. O amor, minha filha, é a porta para a nossa vivência terrena. É a chave que nos escancara a entrada da felicidade. Você terá nossa permissão. O amor, minha adorada filha, é como a chegada da primavera. Tudo floresce em nosso redor. E essa florada enriquece nosso espírito. O amor tem prioridade porque vem do Alto, é bênção divina. Mas, lembre-se, não se vive só dele. Existe a vida em um só todo que devemos levar com muita magnificência. Não se esqueça.

A jovem não conteve as lágrimas. Ainda que ouvisse a advertência paterna com ternura, ora beijava o pai ora a mãe.

Felizes, consideraram que, graças ao amor de Pâmela, Lara estava ali presente. A docilidade da vendedora de siris é que lhes abriu o coração para agasalhar o amor. E a filha, não conhecendo esta verdade, seguiu a mesma trilha. A trilha que os conduzira ao amor.

Alguns dias depois, João Paulo e Carmem embarcaram em companhia de Lara para São Luiz, com a pretensão de realizar o desejo da filha, ajudando-a a encontrar a luz da felicidade.

Durante a noite, à véspera da viagem, eles não conseguiam conciliar o sono. As reminiscências os tornavam saudosos. Pretendiam localizar Pâmela e dignificá-la por sua atitude notável, oferecendo a ela e a seu companheiro, juntamente com o filho, que por certo estaria jovem como Lara, uma casa com todo conforto. Prevenindo que ela não se sentisse humilhada, pedir-lhe-iam que incluísse nas suas ocupações a salvaguarda de Lara, que se tornassem os guias e os anjos protetores para a filha.

Depositariam determinada quantia numa conta bancária, destinada à manutenção dos estudos da moça e dos custos com sua estada, incluindo-se o ônus com a incumbência de apajear a menina que confiariam a Pâmela. Isso posto, João Paulo e Carmem estariam tranquilos distantes da filha. Feliz, Lara não se sentiu aborrecida ao ouvir a expressão pajem. O que lhe importava era estar com Fred, seu grande amor.

Aproveitando-se de final de semana prolongado, a família rumou para a capital maranhense. Fred, radiante, os aguardava no aeroporto. Lara, ao vê-lo, esqueceu-se da companhia dos pais, jogando-se nos braços amados, beijando-o com ternura e avidez, como se já conhecessem de muito, não pairando dúvidas sobre seu amor puro e elevado, provindo de Deus. João Paulo, sobressaltado e enciumado, pigarreou advertindo que estavam presentes. Lara, refazendo-se, com pejo, desculpou-se e, com delicado gesto, afastou-se de Fred, apresentando-o aos pais.

Tomaram um automóvel que o rapaz dispusera, por aluguel, atendendo ao pedido da namorada.

Enquanto percorriam as ruas da cidade, João Paulo e Carmem ouviam Fred, encantados com sua extroversão de ótimo cicerone. Ele relatava com imensa desenvoltura todos os aspectos importantes e curiosos dos determinados lugares por onde passavam por opção do cicerone, a fim de que se ilustrassem aos olhos dos visitantes as belezas principais de São Luiz.

De quando em quando, com voz ciciante, dizia sobre sua saudade e seu amor aos ouvidos de Lara. Ainda que houvesse residido na cidade por algum tempo, os pais de Lara apreciaram a companhia do jovem, atentos às suas explicações, pois, em verdade, jamais haviam visitado aqueles lugares realmente lindos.

Ao entardecer, quando o sol dispersava seu matiz escarlate no horizonte, expondo a indizível beleza de todas as despedidas vespertinas, o veículo com a família estacionava à porta do hotel.

À noite, as famílias se conheceriam, em um jantar, no hotel. Fred retornou ao lar, encontrando os pais apreensivos. Sorrindo e acariciando o rosto materno, ele perguntou:

— Preocupada, minha mãe querida? Não há por quê. São ótimas pessoas. Vocês vão gostar, são amáveis, e como eu os admirei!

— Ah, filho! Não sabemos como nos comportar diante de pessoas ilustres, e mais, em um salão de luxuoso hotel!

— Meus notáveis pais! Vocês também são dignos de atenção. Merecem apreço, pois eu os considero ilustres também, sobretudo pela merecida honradez. Não antecipem perturbações antes que os conheçam! Hei!... Onde estão as vantagens dos valores que vocês possuem? Até esqueceu, minha mãe, do meu abraço pelo bom regresso ao lar! Sabe que muito aprecio quando você me abraça e me deseja paz. Hoje, com certeza, preciso desse congraçamento.

O moço fitou a mãe, voltou-se para o pai e, sorrindo, disse:

— Este amor que me dedicam satura-me de solicitude e de zelo materno. Minha mãe e meu pai, o estado de espírito harmonioso que vocês ostentam me confere segurança. Com ele, me sinto reconciliado com a paz; ele me impõe tranquilidade.

Suspirou profundamente, com a destra no ombro do pai e, alisando o rosto da mãe com a destra, voltou ao assunto:

— Não se preocupem! Em notando intenção de ofensa a vocês, nesse encontro familiar, garanto-lhes: levantar-me-ei imediatamente e me afastarei, levando vocês.

Voltou-se para a mãe e disse:

— Amo muito Lara, mas na inviabilidade de prosseguirmos com nosso romance, serei bastante capaz para suportar nosso afastamento e continuarei minha caminhada com muita firmeza ao lado de vocês.

Fred fez pequena pausa e, sorrindo afetuoso, retornou ao assunto:

— Vamos, meus queridos! Nada de pensamentos pessimistas. Obliteremos de nossa mente, neste instante, o que possa afetar nossa apresentação. Pensemos que nosso encontro seria inevitável e é bom que nos tenha sido propiciado agora. Portanto, o tempo urge e não percamos os minutos.

O moço esboçou fisionomia alegre e continuou:

— Acaso Lara me ame de verdade, como diz, aí então enfrentaremos a fúria dos vendavais, a ameaça dos naufrágios. Juntos, de mãos enlaçadas e com certeza de vitória, venceremos as águas bravias do oceano, porque a força do nosso amor é mais forte do que os vagalhões que vão de encontro às ribanceiras litorâneas. Nada segregará nossas almas, pois o calor que as aquece jamais arrefecerá. Esse elo foi formado por Deus. É!... Porque acho, mamãe, que nossa união vem de vidas distantes. Sou bastante jovem e leigo para entender os desígnios de nosso Criador, mas às vezes acontecem mistérios em nossa vivência terrena, em razão dos quais podemos crer em fatalismo que nos envolve.

Fred fitou a mãe com imenso carinho. Olhou para o pai e deu-lhe pequena palmada no ombro, retornando:

— Nossa! Como estão elegantes! Não quero que se perturbem! Com certeza serão muito bem recebidos. Os pais de Lara passaram-me tranquilidade e firmeza. Aliás, notei que se trata de pessoas que inspiram confiança. Portanto, devemos confiar inteiramente.

Abraçando e osculando os genitores, Fred concluiu:

— Vamos! Vamos lá! Amo muito vocês e por vocês estou imensamente feliz. Tenho orgulho por serem meus pais. Agora devo me apressar.

Fred foi para a higiene corporal e se aprontou belo jovem. Contemplando sua própria imagem refletida no espelho, sentiu-se à altura da moça. Saiu assoviando, alegre, de seu humilde aposento e, de frente a seus pais, como um modelo profissional, girou-se sobre as pontas dos pés, perguntando:

— Como estou? Agradarei minha amada? Estamos atrasados. Embora seja de praxe que pessoas finas sempre atrasem aos compromissos, não quero que Lara me espere muito.

Pâmela e Carlos Eduardo encheram-se de orgulho. O filho estava lindo! Denotava no olhar virilidade e elevação moral. Seguiram para a cerimônia de apresentação.

À entrada do amplo saguão do hotel, destacaram Lara, bela e sedutora, que os aguardava à porta com avidez. A encantadora moça trajava belíssimo vestido esvoaçante, na cor de seus olhos azuis, como o infinito, exibindo deslumbrante decote que realçava a exuberância de todo o seu colo, ornado com flores do mesmo tecido, tornando-a mais fascinante. Em torno do pescoço, bonito e delicado trancelim, com pequeno coração em ouro, dentro do qual guardava-se desde o primeiro encontro a foto de seu amado. Os cabelos louros, sedosos e encaracolados sobre os ombros, impunham aos admiradores a suprema impressão de se tratar de uma deusa grega do amor e da beleza. Nos lábios ela esboçava envolvente sorriso, tornando mais fascinantes suas faces rubras e serenas.

Lara apressou-se com amável presteza a recebê-los. Ofereceu com ternura seus sedosos lábios entreabertos, como se fosse um colibri sugando o néctar do amor, a bebida dos deuses amantes, para o beijo de Fred. Com delicados gestos, voltou-se para Pâmela e Carlos Eduardo, saudando-os com reverência, conduzindo-os pelo imenso e luxuoso salão, ao encontro de João Paulo e Carmem.

Até então, Pâmela não havia sido reconhecida pelos anfitriões, pais de Lara. Talvez porque a mãe de Fred, em face de sua exposição ao sol durante seu trabalho pelas areias da praia, se mostrasse precocemente envelhecida não só no corpo, sobretudo na fisionomia. Mas, a despeito, ela trazia inatas a postura elegante, a imponência e a inquestionável inteligência, acervo moral e intelectual de seu espírito, conquistado em pregressas existências.

Pâmela, entretanto, reconheceu de imediato a fisionomia dos genitores de Lara porque era parte indelével de sua reminiscência. Ainda que se houvessem encontrado poucas vezes, a mãe de Fred mantinha as imagens do casal na mente, ao ensejo de suas orações, sempre solicitando a Deus que os abençoasse. Pâmela fitou-os com bastante inquietação. Seu coração pulsou mais forte, as pernas vacilaram e o pensamento claudicou. Percebendo tal hesitação, Fred acorreu e a amparou.

Os pais de Lara ergueram-se para os cumprimentos, dissimulando o que haviam notado.

Pâmela estendeu a destra trêmula e gelada pela exsudação. Carlos Eduardo, após as apresentações, abraçou a esposa com carinho, com o intuito de salvaguardá-la, pois lembrara fatos narrados por ela há alguns anos e, em face da perplexidade da esposa, ele imaginara que poderiam estar relacionados com essas pessoas, para ele também não estranhas.

Era a fatalidade que os unia.
Vindo de um passado distante,
tudo pode acontecer sem modifi-

> cação. Mormente, em se tratando de vidas programadas pelo Poder Supremo. São promessas impregnadas na memória espiritual que por nada se desfazem. O rude catador de siris trazia consigo a inteligência remota, o saber inerente a outras encarnações. Tanto ele como Pâmela guardavam na mente espiritual as instruções por eles devidas.

Apesar do susto, Carlos Eduardo e Pâmela se comportavam com atitudes e gestos distintos. Contudo, Pâmela parecia sentir seu coração em pranto de hesitação sobre a paixão do filho. Ela se preocupava com o fato de que Fred estaria apaixonado pela encantadora jovem presente, temendo que ele viesse a sofrer e pensava:

— "Não, meu Deus! Não quero que meu filho passe por decepção alguma. Compreendo que tudo nos vem de Sua vontade, meu Deus! Porém, devo revelar a eles minha identidade para evidência do que nos ocorrera nas areias da praia.

Diante de tais lembranças é que decidiremos sobre nosso relacionamento futuro, antes que venha recrudescer a atração entre Lara e Fred. Cuidemos que seja hoje, pois pior será deixarmos para o amanhã. Convenhamos que nossos meninos não devem assumir a culpa por nossas faltas. É justo que sejam felizes no amor."

Pâmela inclinou a cabeça, suspirando profundamente.

Lara, percebendo a perturbação da mãe de seu amado, cautelosamente, com voz meiga, segurando a destra de Carmem e de Pâmela, disse:

— Quero, com certeza, que se deem bem, pois eu e Fred nos amamos muito e para nós seria deveras importante a união de nossos pais.

Olhou para Fred e sorriu.

Ele se encantou com tanta simplicidade e beleza espontânea.

João Paulo foi o primeiro a expressar a grande satisfação:

— Pois, filha, está sendo para nós imensa honra conhecê-los.

Fitou os pais de Fred e continuou:

— Pelo que percebemos, seu filho é dotado de espírito com invejável intelectualidade. Bem!...

Estendeu a destra, mostrando a confortável poltrona, convidando:

— Sentemo-nos para que a nossa conversa seja mais agradável. Logo pediremos o jantar.

Pâmela continuava em silêncio, mas observava os encantos de Carmem que também nada dissera. Por seus gestos refinados e elegantes, Pâmela a avaliava com os olhos, nela reconhecendo ilustre postura. Temia que Fred viesse a ser marginalizado ou humilhado ante o marcante destaque que certamente gozavam na sociedade da grande cidade de São Paulo. Mas ela seria forte e lutaria pela felicidade do filho. Por tal motivo é que pretendia despertar a atenção do casal para a sua origem humilde e apresentar-se como habitante em palafitas e vendedora de siris fritos. Assim, talvez eles reconheceriam a paupérrima mulher gestante que um dia os abordou na praia, hesitantes sobre a concepção do embrião vicejante no ventre de Carmem, a maravilhosa Lara.

Os olhos de Pâmela umedeceram. Carlos Eduardo, compadecido, envolveu a esposa pelo ombro, osculando-lhe as frontes, transmutando-lhe forças e, como um cavalheiro de sentimentos nobres, convidou-a a sentar-se. Em seguida, acenou a cabeça com formalidade, pedindo permissão para sentar-se ao lado da companheira. Após certo espaço de tempo, transferiram-se para o restaurante.

A mãe de Fred pouco se alimentou, mas comportou-se à altura dos distintos anfitriões, aguardando com paciência o momento propício para suas desejadas revelações. Após deliciarem o cálice de licor, dirigiram-se para outro salão, equipado com confortáveis sofás e poltronas. O ambiente era acolhedor, luz em gradação de penumbra, perfumado pelo aroma exalado das flores naturais, com suave fundo musical.

João Paulo os convidou a sentarem e deu início ao assunto objeto da reunião, com voz amigável:

— Bem, amigos! Vamos às razões pelas quais aqui nos encontramos reunidos, que me parecem de vital importância para nossos filhos. Lara nos informou da sua paixão pelo jovem Fred, dando-nos a entender que se trata de um amor que não admitirá réplica, ainda que haja constrangimento de ambas as partes. Segundo ela já adiantou com tenacidade, seu sentimento é inabalável e jamais será derruído. Portanto, de nossa parte não há muito que dizer. Então, eu e Carmem nos atemos a desejar que sejam felizes.

Olhou para Carmem e sorriu. Chamou o garçom, pedindo que servisse taças de vinho e convidou a todos para brindarem o auspicioso momento para sua filha que almejava consentimento e estímulo. Com a voz firme voltou a pronunciar:

— Que este encontro seja de harmonização e que reflita os efeitos de nossa vontade espontânea! Quanto a mim e Carmem, queremos que o amor prevaleça sobre nossos conceitos, sejam quais forem! Valer-nos-á a pena concebermos esse romance em prol da felicidade de nossa menina. Contudo, é importante que conheçamos com mais detalhes a opinião de ambas as famílias.

Estas palavras agitaram o espírito de Pâmela, e a incitou a responder:

— Confesso, senhor João Paulo, que desejo o mesmo ao nosso Fred. Acho que o senhor tem toda razão em dizer que devemos ter conhecimentos mais detalhados. De fato, desde o momento em que aqui chegamos, ocorreu-me o desejo de pormenorizar nossa identidade para vocês. Talvez, quando conhecerem tais minudências, então poderão mudar de opinião. Haja vista que nossa índole pode não corresponder à expectativa de vocês. Acredito que Fred já lhes tenha dito sobre nosso plebeísmo. Nossa vida não foi afortunada com conhecimentos, experiências, sobretudo, hábitos sociais como certamente são os costumes de vocês. Mas agradecemos a Deus pelo que ele nos ofertou. Somos felizes. Esse contentamento é que nos propicia a bondade do Pai. Desculpem-me, mas precisava expor também minha vontade. Quanto ao nosso consentimento, Deus no-lo mostrará com o tempo. Nós abençoamos nossos filhos em nome d'Ele.

O pai de Fred, orgulhoso pela companheira, ergueu a taça, dizendo:

— Sim, bebamos à felicidade de nossos filhos. Nada oponho e, do mesmo modo, amigo João Paulo, como você, ofereço a eles meu ombro, com votos de congraçamento divino, pois a paz é muito importante para nós. Acredito, de fato, que o tempo é que nos dirá sobre os sucessos desejados. Em especial, ao seu lado, caro colega. Não temos muito a acrescentar sobre nossa pessoa. Digo apenas que me chamo Carlos Eduardo. Sou descendente...

Fez pequena pausa para encontrar recursos com que revelasse suas origens, preservando a reputação do filho. Pâmela, percebendo a hesitação do companheiro, interveio com explicações:

— Perdão, senhor e senhora Carmem, pela evasiva do meu marido. Talvez Carlos Eduardo esteja pensando que, a essa altura, torna-se desagradável persistir em nossas apresentações. Elas poderão decepcioná-los quanto à nossa procedência.

Silenciou, refletiu e retomou a conversa ora fitando João Paulo ora fitando Carlos Eduardo:

— Antes, devo dizer que não nos envergonhamos do que somos. Não sustentamos vida ostentosa. Nossa vida é de luta, de labor, de sofrimento. Nossa classe é desprovida de bens materiais. Mas estamos cumprindo nossos compromissos, para os quais retornamos à Terra. Nosso filho é nosso orgulho. Trabalha honestamente e é muito aplicado aos estudos. Ele cresce e, com ele, crescemos moralmente, observando seus exemplos. Ainda enfrentamos grandes agitações que nos conseguem perturbar, mas sabemos que nosso futuro é promissor.

Olhou um por um e sorriu com afeto. Pâmela sempre agiu com ternura. Sempre usou boas maneiras e cortesia para com todos. Com carinho na voz, retornou ao assunto:

— Veremos, com certeza, nosso rapaz no auge do saber, promovendo a vida, mas não augurando luxo aparatoso, que o conduza à soberba riqueza. Ele cumprirá o dever moral, tal qual instruções que sempre recebeu do Alto. Suas qualidades lhe são peculiares. É!...

Suspirou com profundidade e disse:

— Somos pobres, mas honestos.

Pâmela cerrou os cílios e ficou silenciosa por instantes, intentando trazer à memória recordações de vinte e três anos passados. Lembranças de uma história ocorrida naquela mesma cidade, nas areias quentes da praia. Então ela narrou:

— Há alguns anos, em certa praia frequentada por turistas, um jovem casal hesitava sobre a expulsão de um germe que vicejava no útero da mulher, ignorando que tal fruto lhe consolidaria a felicidade. Recordo a simpatia que inundou meu coração pelo aprazível casal, tanto que me estimulou a doar-lhes conselhos incentivados pela afeição que me suscitara e, sobretudo, porque eu também estava grávida. Lembro-me ainda que recusei uma bondosa e vantajosa doação que eles me ofereceram, propondo postergá-la para outra ocasião.

Pâmela olhou para o marido e sorriu. Ele estava compreendendo onde ela queria chegar. Ela suspirou e continuou:

— Consultei minha alma sobre: "Será que persistirá essa forte atração que estou sentindo por eles, caso voltemos a nos encontrar após certo lapso de anos?". Jamais esqueci aquele encontro! Agora, neste exato momento, rebuscando esse passado, ocorreu-me a resposta que dei ao jovem casal: "Agradeci a eles e disse que, se fosse da vontade de Deus e se merecêssemos a doação destes servidores de Deus na Terra, com certeza, chegaríamos a um consenso, aceitando um trabalho justo e honesto".

Pâmela silenciou novamente. Consultou seu espírito se deveria continuar e, dentro dela, como se uma voz viesse do Alto, houve consentimento para que não interrompesse. Então, ela continuou:

— Sinto-me jubilosa e creio que Carlos Eduardo também. Com tão intensa alegria, digo-lhes de coração que nos disporíamos a servir a vocês tanto no lar como na indústria, se nos fosse possível. Aceitaríamos apenas as moedas que fossem de direito. Hoje, senhora Carmem... — fez outra pausa e sorriu amigável, olhando para a mãe de Lara e João Paulo, dizendo: — Hoje, estamos frente a frente, por vontade do destino. Creio que, com essa revelação, vocês revistarão a memória e entenderão o motivo de minha exposição. Infelizmente, não consegui conservar a aparência física e me envelheci em face de meu trabalho sob a causticante luz solar. Mas não me arrependo, pois o fiz por amor ao meu filho.

A vendedora de siris voltou a fitar a mãe de Lara e, vigilante ao que ia dizer, acrescentou:

—A senhora continua bela, senhora Carmem. É como se houvesse renascido para a juventude de quando nos encontramos. Interessante é que sinto haver determinação do Pai para que realizemos algum dever, ainda nesta vida. Em se enlaçando nossos filhos, pode crer, é por proteção redentora e nada, nada poderá separá-los. Independentemente do nosso consentimento, eles haverão de realizar a vontade de Deus.

Carmem a ouviu atentamente, intentando fixar todas as palavras em sua mente. Ao término do colóquio, a mãe de Lara sentia-se deveras emocionada e, com a alma vibrante pela intensa alegria, estendeu os braços diante dos olhares atônitos dos jovens, oferecendo seu amplexo de amizade.

Pâmela entregou-se ao abraço fraternal. Percebeu que naquele momento travar-se-ia uma sincera e íntima amizade.

Carmem se dizia arrependida por não ter voltado a procurá-la para melhor conhecê-la e cumprir o que lhe havia oferecido. Com entusiasmo, dirigia-lhe palavras de sincera amizade:

— Pâmela! É você? Ó céus! Perdoe-me, perdoe-nos, eu e João Paulo. Somos seus eternos devedores! Suas sábias palavras alertaram-nos para o amor verdadeiro.

Carmem abraçava a amiga com ternura, dizendo:

— Tivemos que retornar a São Paulo com urgência. Nem nos despedimos de vocês, que mereciam toda nossa atenção. Todavia, não conhecíamos seu endereço. Ah, amiga, como está sendo bom encontrá-la! Olhe! Gostei imensamente de seu filho, desde o primeiro instante do nosso encontro. É belo rapaz, além disso, percebi tratar-se de um jovem bem formado e orientado, pois souberam encaminhá-lo para a direção da moral e do saber. Fred é um jovem donairoso. Com tal elegância e tão notória competência, sem dúvida conseguirá a realização de seus ideais. Ademais, ele denota muita inteligência. Vocês estão de parabéns.

5

O mistério dos retratos

Pâmela afastou-se alguns passos e olhou para o filho que parecia orgulhar-se da mãe. Com gesto carinhoso, ela alisou os cabelos de Fred e, emocionada, respondeu a Carmem:

— É verdade! Aceito seus elogios dirigidos a ele e acrescento que meu filho é muito responsável com tudo que faz. Somos imbuídos de profundo orgulho, pois nosso meninão é possuidor de conhecimentos congênitos. Estou certa de que meu Fred é um Espírito que acumulou considerável acervo cultural em sucessivas vidas pretéritas. Esse dito acervo o acompanhou em seu renascimento neste mundo e é privilégio que o permite desenvolver-

-se com maior facilidade em sua caminhada. Tanto que, quando criança, ele já manifestava inéditas noções de conhecimentos gerais com que se pasmavam até as pessoas mais cultas.

Enquanto Pâmela falava, entusiasmada, Carmem meneava a cabeça em sentido afirmativo. E a tagarela, sentindo-se estimulada, bravateava o tempo todo:

— Em reconhecimento ao seu saber, por sua dedicação, por sua inteligência e por ter conquistado a confiança dos graduados professores da universidade, nosso Fred foi contemplado com uma bolsa de estudos. Por suas aspirações, ele haverá de ser... e será, temos certeza, eminente engenheiro naval. Imagina você, Carmem, e o senhor João Paulo, Fred está com proposta para ir para os Estados Unidos a fim de desenvolver os estudos e fazer pós-graduação, para daqui a dois anos. Enquanto isso será mantida a afirmação de que o lugar lhe pertencerá. Não é para nos orgulhar?

João Paulo, absorto em seus pensamentos sobre o passado, não se ateve com o que dizia Pâmela sobre o bem que espalhou em seu coração, quando converteu sua vaidade em amor. Nem ouvia o relato da mãe do rapaz. Sua mente se revolvia em busca de explicações sobre como sua amada filha, uma jovem bem instruída, arrimada pelo progresso financeiro, haveria de se apaixonar por um jovem desprovido de boa sorte e de êxito na vida, morador em palafitas.

Ainda que ele lutasse para alcançar uma vida sociável, jamais seria afeiçoado para a uma posição digna como a que expunha Pâmela. O pai de Lara ponderava naquele deslize mental, que Fred sempre se identificaria pelo rótulo da pobreza e isso o incompatibilizaria com a realidade almejada para sua filha.

Naquele momento, imperava o orgulho e a vaidade. Mas uma luz sobrevinda do celeste, acudiu a lembrá-lo dos simplórios conselhos, amorosos e condizentes, ministrados a eles pela mãe de Fred. Em função de ditos conselhos é que suscitaram em seu cérebro o despertar do amor de Deus e sua concordância com a concepção da filha, que agora se resumia em sua felicidade. E fora Pâmela a artífice dessa maravilhosa conformação de sua alma. Então, o esposo de Carmen cerrou os cílios e permitiu que as lembranças alvorecessem em sua mente. Aos poucos se descortinavam as eruditas palavras daquela criatura modesta, daquela mulher comedida, que só usava expressões no sentido exato do seu saber.

A atenção do empresário aos poucos se voltava para as explanações de Pâmela. Ela mencionava, com convicção e humildade:

— Um filho é sempre uma bênção divina, um fruto sagrado e adocicado que acrescenta aroma suave na união de um casal, seja rico ou pobre. É um agraciamento oferecido pela vontade poderosa de Deus.

João Paulo recordou com ternura as últimas palavras ditas por aquela mulher, quando de seu primeiro encontro com ela, no passado, com cujos dizeres ela denotava a virtude do saber divino. *"Ninguém tem o direito de impedir a vinda de um filho, quando se é por intermédio de Deus, a um ventre materno, pois ele é um enviado do Criador, a fim de concretizar seu verdadeiro intento na Terra"*.

Restaurado de sua instantânea fraqueza, o pobre homem sentiu o coração acelerar. Seu orgulho reinou mais forte do que o amor. Duas grossas lágrimas percorreram suas faces porque seu pensamento desatinado ameaçou a felicidade de sua filha. Então, mentalmente, ele denunciava seu remorso a Deus:

— "Ó meu Pai! Como estou arrependido! Não fosse essa criatura humilde, não teríamos em nossos braços essa maravilhosa filha concedida por Vossa misericordiosa bondade."

Suspirou, até com certa dificuldade, e voltou a conversar com Deus:

— "Acredito que Pâmela tenha sido enviada pelos Altos para nos conscientizar dos extremos cuidados que devemos devotar à missão de sermos pais, despertando-nos o belo sentimento de condescendermos com a vinda de um rebento para a vida que nos foi concedida por Vós. Tenho muito a agradecer por essa graça, de vez que nossa menina enobreceu nosso convívio."

João Paulo voltou a interromper seu pensamento. Contemplou a filha nos braços do jovem, lembrando, saudoso, de quando conheceu Carmem. Aquele amor de outrora ainda permanecia crepitante em seu coração. A chama jamais arrefecera. Estava como antes, ardente. Ficou condoído, mormente ao ponderar que Lara jamais se prosternaria diante de qualquer óbice que constrangesse seu amor, que emergia vigoroso.

Ante tal dedução, João Paulo concebeu que havia sido precipitado, mormente quando viu que Lara sorria encantadoramente e Fred a acariciava com imensurável ternura. O genitor da moça vislumbrava naquele gesto amoroso certo sentimento que jamais alguém conseguiria obliterar das almas do amante casal. Então o homem cerrou as pálpebras e, ao descerrá-las, expressou-se com voz saturada de amor, iniciando por escusar-se:

— Desculpem-me a demora, mas me foi necessário questionar bastante minha mente para que compreendesse que o amor realça, com deveras exatidão, o quanto ele nos é importante para nos pronunciarmos sobre nossa solidariedade com causa tão sublime. Cheguei à conclusão da grandeza do idílio com que se enlaçam esses meninos e de que eles precisam realmente de nosso consentimento.

Fitou Carmem e lembrou:

— Assim como foi a nossa união!

Voltou a silenciar, enquanto aguardavam o retorno de suas palavras. Com sorriso amigo, pronunciou sua permissão:

— Sou todo permissivo. O que mais quero é que minha filha seja feliz e assim como a estou notando ao lado de Fred.

Suspirou com carinho e retornou, dirigindo-se à mãe do rapaz:

— Recordo-me, Pâmela, de que, ao nos conhecer há alguns anos, ofereci trabalho ao Carlos Eduardo, mas você delicadamente recusou, de vez que ele não estava presente. Hoje reitero minha intenção. Preciso de gente honesta como vocês para cuidar de nossa sucursal aqui em São Luiz. Ademais, logo seremos uma família. A necessidade de voltar para São Paulo distanciou-nos de vocês e não nos encontramos mais. Não vou iludi-la com palavras sentimentais. Na realidade, esquecemo-nos de vocês, embora residíssemos nesta cidade, até que a obrigação nos chamasse de volta para São Paulo. Hoje, minha introspecção trouxe-me à mente os fatos ocorridos há tempos, quando aqui veraneávamos.

Silenciou, perpassando o olhar por todos e retomou a conversa, com os olhos fixos em Carlos Eduardo:

— Hoje, amigo, você está presente e poderá responder por si mesmo. Você aceita ser meu administrador aqui em São Luiz? Esse cargo dispensa formação universitária. Basta-lhe ser apenas capaz, correto e dotado de dignidade. Vejo que tais atributos não lhe faltam. De agora, prevalecerá sua vontade. Sem que me pesem segundas intenções, peço-lhe, amigo, que aceite, pois será para mim e Carmem de muita relevância. Com o tempo, você adquirirá experiência e então, prometo, serei eu mesmo a passar-lhe todas as instruções necessárias e todas as formalidades cabíveis. Tenho convicção de que você será um sustentáculo para a nossa empresa nesta Capital. Com esse convite não quero desmerecer as atividades que vocês já exercem. Mas o certo é que eu preciso de uma pessoa aqui como você, amigo.

Voltando-se para os jovens entregues ao amor, João Paulo levou a destra ao ombro de Fred e de Lara, dizendo:

— Meus jovens, despertem por alguns instantes! Atentem para a vida na Terra! Não só de lua e estrelas vivem os casais românticos e apaixonados.

Falou tão jocoso, que todos sorriram alegres.

— Preste atenção! Estou, meu rapaz, entregando às mãos de seu pai a administração de meus negócios aqui em São Luiz. Ofereci-lhe o cargo de gerente adjunto de meu empreendimento e ele não terá somente minhas instruções, mas também de meu advogado, e terá meu absoluto apoio. Acaso você também aceite minha proposta, ofereço-lhe toda a administração inerente ao setor contábil. Quero que você, Fred, seja a alma e o coração de minha indústria. Mas saiba que sua incumbência será de intensa responsabilidade, pois você não deverá deixar faltar oxigênio nos pulmões de nossa empresa, não quero vê-la moribunda. Ela sempre foi conduzida por mãos eficientes, rochosas, fortes e valentes. Ela oferecerá lugar para todos, desde que sejamos administradores perfeitos. Você, Fred, será investido nas funções geradoras de negócios e terá sob sua guarda todos os bens patrimoniais.

Interrompeu-se, voltou-se para Carmem e nela encontrou olhar e gestos condescendentes.

Lara o abraçou sorrindo, agradecendo:

— Paizinho, você me deixou muitíssima feliz! Assim, terei Fred mais tempo ao meu lado!

— Ao contrário, filhinha! — replicou João Paulo. — Esse rapaz terá o tempo tão tomado, que você nem faz ideia. Sua função será bastante rígida, em especial porque meu pleito é o crescimento da empresa. Quero estribar-me plenamente na capacidade dele e do pai. Trata-se de um desafio que lhes proponho.

Fred aparteou:

— Por Lara, aceito todo e qualquer desafio!

— Pois bem, caros amigos, devo retornar para São Paulo logo que tudo aqui houver sido ajustado. Queremos voltar tranquilos, e você Pâmela, como já disse Carmem, pedimos seja companhia para Lara. Nossa menina pretende transferir os estudos para esta cidade. Confiarei não só no sucesso das atividades da tecelagem, que deixarei aos cuidados de vocês, mas, sobretudo, nossa joia preciosa, nossa doce menina, que entregaremos à guarda de vocês.

Lara ouviu estas últimas palavras com apego ao pai, mas com timidez, fitou-o gracejando:

— Ora meu pai, por que tanto cuidado? Serei um objeto de valor ou uma filha? O senhor deu-me a entender que sou uma peça valiosa, talvez de cristal e não um corpo físico formado pelo seu amor. E mais, não sou criança que precise de desvelados cuidados! Não acham? Sou uma mulher, e muito apaixonada, assim como vocês! Sei muito bem como me zelar.

— Mas é claro, meu amor! Não quis assimilar os cuidados que devemos ter para com você com a proteção de objeto algum! É que você é a filha que muito amo, pela qual tenho incontestável ciúme. Desde sua vegetação no mátrio materno, eu aprendi... — Olhou para Pâmela e continuou: — Que você seria nossos mimos. Caso falte essa peça geradora de oxigênio em meus pulmões e cérebro, eu morrerei asfixiado, faltar-me-á o prazer pela vida. Você, meu anjo, é a atmosfera que respiramos.

— Que horror, papai! Não os deixarei sem esse recurso saudável de forma alguma. Pelo contrário, o amor que me une a Fred contribuirá para aumentar a força que movimentará as engrenagens que acionam nossas vidas. E mais, ampliaremos a quantidade de seres no seio de sua família, bem como na família da senhora Pâmela e do senhor Carlos Eduardo. Como vê, não faltará oxigênio em seus órgãos que produzem respiração.

Todos gargalharam felizes.

— Sei disso, filha! Mas espero poder contar sempre com a companhia de vocês até que cheguem os *pequetitos*. A vida, desprovida do clarão do dia, é janela aberta para o nada. Vocês serão sempre a luz do nosso alvorecer.

João Paulo fez uma pausa e sorriu com afetuosidade. Suspirou, com o espírito apaziguado e retornou, denotando imenso amor:

— Ah, filha, chegará o momento em que sentirá nossa falta. Você sentirá saudade das conversas com sua mãe, dos conselhos amigos, e até lembrará que ela é que lhe ofereceu vida, que lhe doou por inteiro o mundo do amor maternal. Pâmela poderá ajudá-la a suportar a ausência dessa protetora, mas os sentimentos não serão como os de mãe. Embora a bondosa afeição que você nela irá encontrar, não lhe sanará o desejo de ouvir a voz gloriosa da "mãezona", a amiga enviada do céu para ouvir com paciência as suas lamúrias inexoráveis da vida neste orbe terreno. Por tais razões, filha, é que gostaríamos que você não ficasse só e aceitasse como companheira do, dia a dia, a mãe de Fred.

O pai de Lara intentava mostrar-se feliz, mas, intimamente, lamuriava-se por não conceber a separação da filha e até gostaria que ela desistisse daquele ideal. Contudo, jamais decepcionaria sua doce criatura. Ele a amava demais para fazê-la sofrer. Lara era o estímulo de tudo que o cercava. Silenciou e pôs-se a pensar:

— "Hei de alimentar minha alma com energia bastante para me arrimar nos braços da consolação, buscando refrigério para meu cioso espírito. Sim, estou muito enciumado! Sinto-me lesado pela pujança de Fred, todavia, prometo a mim mesmo obliterar esse horrível pensamento. De agora em diante, minha aspiração deve ser a felicidade de Lara."

João Paulo calou a voz de sua mente e, com devoção, orou inaudível pedindo com fervor um lugar ao sol para a filha e para Fred:

— Pai! Eu não sei orar, mas tenho certeza de que entenderá minhas súplicas! Amo muito essa criatura que um dia o Senhor confiou aos nossos braços. O Senhor propiciou-nos a oportunidade de sermos pais, usando as singelas palavras de Pâmela. Lara foi a melhor dádiva com que o Senhor nos presenteou. Ah! E que presente! Ele despertou nosso Espírito para o amor, a ternura e para toda a afeição e benevolência. Por essa razão, rogo ao Pai Amantíssimo conceda espaço onde o sol possa brilhar para essas criaturas que pretendem a unificação permitida por Seu amor. Ó Pai! Confiarei em Sua condescendência clemente e amorosa. Que o Seu amor esteja sempre conosco!

O virtuoso genitor encerrou a oração com vibração de paz e muito amor. Seu espírito estava repleto de esperança e de boas projeções para os filhos Lara e, a partir daquele momento, Fred.

Naquele mesmo dia, ficara tudo combinado. Ao alvorecer do novo dia, embora se desse um domingo, João Paulo e Carmem saíram a percorrer as vias públicas em bairros nobres, à procura de casas à venda. Após exaustiva busca infrutífera, quando retornavam para o hotel, na saída oposta da cidade, avistaram uma placa anunciando: “Vendemos por motivo de mudança”. João Paulo rejubilou-se! O imóvel situava-se na adjacência de um conjunto habitacional popular. Então, o pai de Lara houve por bem acalentar sua mente quanto à rejeição pela localidade que lhe insurgira. Não obstante, a mansão era cercada de muita segurança e ocupava extensa área confinada com a praia. O empresário decidiu por acionar a sineta. Um obsequioso servidor veio logo a atendê-lo. João Paulo, educadamente, desculpou-se:

— Peço-lhe perdão por minha falta de zelo ao incomodá-lo neste dia apropriado ao descanso. Mas, amigo, não resido nesta cidade e me interesso por adquirir aqui uma residência para acomodar minha filha, e esta placa deteve-me a atenção.

O serviçal respondeu com idêntica gentileza:

— Não há por que se desculpar, senhor! Estou aqui para servir e informar a todos os dados necessários. Estou ao seu inteiro dispor!

— Segundo o anúncio na placa, este imóvel está à venda. Gostaria de saber o valor e se podemos adentrar para conhecer seu interior.

— O valor certamente será agradável a ambas as partes. O senhor sabe que viver é sempre sonhar, e esta casa é um belo sonho, principalmente porque se destinará à residência de um jovem casal. Nela existe tudo de bom e de belo. Sua filha, por certo, a adorará. Acompanhem-me, por favor.

O homem descerrou o imponente portão de ferro maciço e indicou o percurso que os conduziria ao interior da casa. Os visitantes se encantaram ante tanto capricho e beleza. Os cômodos eram bem distribuídos, a pintura era nova e suave. Nas paredes do imenso salão estavam expostos diversos quadros com retratos de pessoas que, estranhamente, pareciam familiarizadas aos pretensos compradores do imóvel. Mas de onde? Não lhes ocorriam explicações. Sem dúvida, faziam parte de suas reminiscências. Até os olhares mostravam o brilho característico dos vivos e, aparentemente, fitavam os sobressaltados visitantes, expressando muita simpatia.

Ficariam com aquela casa. Uma força misteriosa os dominava e os levava, cada vez mais, a sentirem o prazer por possuir aquele imóvel e a conviverem com os retratos na parede.

Encantada com o bom gosto, Carmem perguntou:

— Será incluído tudo que está disposto em cada espaço da casa ou os quadros serão retirados? O senhor ainda não nos disse o valor fixado para a venda do imóvel. Gostaríamos de sua sinceridade, informando-nos se seria razoável o valor com ela montada como está.

— Nada será retirado, de nenhum ambiente. Os proprietários já foram para a Alemanha e não retornarão sequer para a transação. A venda estará a cargo de imobiliária contratada para tal finalidade. Trata-se de empresa idônea, muito bem conceituada nesta capital. Caso vocês se interessem, amanhã mesmo poder-se-á iniciar o processo de compra e venda.

— Sim, nós nos interessamos — intercedeu João Paulo.

Carmem voltou a inquirir:

— Por que deixaram esses retratos na parede?

— Senhora, isso também me intrigou. Diante de idêntica pergunta que fiz, responderam-me que quem aqui viesse morar, talvez soubesse o que fazer com eles. Deram-me as costas e saíram para o aeroporto. Nunca mais ouvi algo a respeito daqueles meus antigos patrões. Permaneço aqui a pedido dos administradores do imóvel. Bem, senhor e senhora, ainda hoje falarei com o advogado da imobiliária.

— Ótimo. Amanhã estaremos aqui, logo cedo, para concluirmos a transação.

No dia seguinte, o pai de Lara consolidou a aquisição. Lara e Fred, deveras eufóricos, percorriam todos os cômodos. A jovem, afetuosa, abraçou os pais agradecendo:

— Paizinho, mãezinha, eu os amo tanto! Obrigada, meus queridos e benditos pais.

João Paulo não conseguiu manifestar-se, pois estava com a voz embargada pela emoção.

No decorrer de uma semana, tudo estava organizado, exceto a mente de Carmem e de João Paulo que entrara em pânico. De quem seriam aqueles retratos na parede? Por que eles perturbavam tanto a mente dos atuais proprietários? Perguntado, um antigo servidor da mansão apenas disse que o patrono chamava-se Osvaldo Paulo e que os demais membros da família possuíam o segundo nome, Paulo. Havia outro sobrenome de que os patrões pouco falavam. Acrescentou que, ao passar de considerável lapso de tempo trabalhando naquela mansão, ele ouvira comentário sobre a desobediência de um casal que se unira contrariando a vontade dos familiares. Malgrado a tal razão é que deixaram os retratos na parede.

Lara e os demais ocuparam a residência. A moça determinou que permanecesse a ordem da distribuição dos móveis na casa. Um lindo sofá, com fundo de cor suave, realçava a sala de recepção. Pequenas flores, nuançadas com distinta elegância, enobreciam o ambiente e o tornavam mais acolhedor. As cortinas, com forros acetinados, cobertos com rendas importadas da Índia, combinavam com os inebriantes matizes do sofá. Na grande sala de refeições destacava-se majestosa mesa com forro de marfim. As cadeiras eram revestidas com veludos na cor anil, combinando com uma das paredes do espaçoso salão, arejado com amplas janelas de duplas folhas. Nele, um lindo móvel onde se guardavam porcelanas e cristais de épocas prístinas, era o realce.

Nobilíssimo acortinado de cores ajustadas aos móveis compunha a decoração do refeitório. Na parede alva, um majestoso quadro estampava a Santa Ceia. Na parede oposta, de cor celeste, exibiam-se dois suntuosos retratos com molduras em alto relevo que, pela pompa, talvez se objetivasse destacar os ancestrais da família. No centro, à vista de todos, havia imagens fotográficas de um jovem casal.

Ao lado do refeitório jazia uma saleta aconchegante, equipada com mimosos canapés, sofás e poltronas, destinados a ócios e conversas sem formalismos.

Lara denotava no olhar grande emoção, esboçava nos lábios espontâneo sorriso e, no semblante, espelhava indizível encantamento e felicidade.

Fred demonstrava prudência e, no olhar, segurança e inteligência. Ele vislumbrara nos retratos na parede grande afinidade também para com sua família. Tanto o pai como a mãe se afiguravam em meio àqueles grupos de pessoas retratadas nos quadros emoldurados. Mas o moço, intrigado, dissimulava precavendo que não impusesse perturbações ao encantamento de sua bela enamorada.

Pâmela e Carlos Eduardo também se mostravam atônitos ante a significação dos retratos na parede. Mas optaram pelo silêncio.

Os dias sucederam com treinamentos e especializações para os novos dirigentes.

Fred, já atuando no escritório, levava muito a sério o que fazia. Ele e o pai incrementavam a expansão dos negócios da empresa. João Paulo estava deveras satisfeito com o desempenho do futuro genro e de Carlos Eduardo, mas em seu íntimo ainda existiam resquícios de orgulho que inquietavam seu espírito, embora ele se empenhasse em desfazer-se do impertinente sentimento.

Fred, dirigindo-se a visitar o escritório do advogado da empresa, ao adentrar, sentiu-se estupefato. A parede ostentava um proeminente retrato do pai de João Paulo. A evidência não lhe deixava dúvidas. Então, urgia que se desvendasse tal mistério. Quem seriam os personagens que se exibiam nos retratos na parede da casa em que moravam? Por qual motivo Lara insistia em que deveriam ser preservados no lugar? Dentre os retratos expostos na parede de sua casa, existia a fisionomia também exibida no quadro fixado no escritório do advogado!

Fred fitava o retrato na parede com evidente perturbação. Então, por que o sogro nada comentou? Não teria ele notado? É... Poderia ser! O moço até esquecera de que teria comparecido ao escritório para cordial visita ao doutor.

Ele estava literalmente emocionado. Arrebatado ao contemplar a estranha imagem na parede, assustou-se com o toque da mão do Dr. Jaques em seu ombro. Voltou-se rapidamente e desculpou-se. Sentou-se, mas, de vez em vez, olhava para o retrato. Não contendo a curiosidade, perguntou se o pai do seu sogro também assinava o segundo nome de Paulo. A resposta veio testificar a exatidão de suas conclusões:

— Não me ocorre o motivo de sua preocupação em conhecer o verdadeiro nome do pai de nosso patrão. Entretanto, não vejo razão para não lhe dizer que, certa vez, conversamos sobre o legado da família. Esta empresa vem de ancestrais, de pais para filhos. Todos os componentes da família recebiam no batismo, a pedido do primeiro varão, por ter sido destemido e respeitado, o segundo nome, Paulo. Então, até hoje preservam essa tradição. Mas por que esse interesse?

Fred, com comoção na voz, revelou que na parede do grande salão de sua casa havia vários retratos com fisionomias semelhantes àquela ali exposta. Confessou sua perplexidade, mormente pelo que havia dito o servidor da família que lhes havia vendido a casa em resposta à pergunta de dona Carmem. Ela se interessou em saber sobre os retratos na parede, obtendo informação de que todos os ancestrais daquela família tinham o segundo nome Paulo. A família vivia em regime de austeridade, sob império de rígida disciplina e absoluta obediência. Não obstante tal rigidez, a harmonia, o equilíbrio espiritual e a dignidade eram imperativos na índole da descendência. Todavia, eram cerceados os enlaces matrimoniais com quem não detivesse pomposos dotes patrimoniais. Todavia, aconteceu que certo descendente, em desobediência à rígida imposição, esposou uma plebeia.

Dr. Jaques interessou-se pela estranha história narrada tão espontaneamente pelo jovem e propôs-se unir-se a ele a fim de descobrirem o que estaria embaulado a respeito dos estranhos retratos na parede.

— Rapaz, eu, como você, estou assombrado. Proponho unir-nos para descobrirmos a realidade dessas inusitadas ocorrências. Não se tratará de curiosidade, nosso objetivo será conhecer as bases em que se sustenta a empresa e, em especial, encontrarmos a resposta que talvez abrandará a ânsia de nossa bondosa patroa. Digo-lhe tudo isso, malgrado a experiência que obtive durante meu trabalho por muitos anos neste estabelecimento industrial. O senhor João Paulo merece nosso respeito, sobretudo por se tratar de pessoa extraordinária, comedida nos modos de tratar seus subalternos. Jamais se exaspera. É justiceiro e deveras criterioso ao repreender qualquer que seja o funcionário faltoso. O infrator é convidado a comparecer ao recinto administrativo, onde inicialmente é conscientizado do seu erro, de forma respeitosa, que não lhe cause humilhação.

Dr. Jaques silenciou por instante, escorou o cotovelo sobre a mesa, segurou o queixo, pensativo, e retomou a conversa:

— Fred, será que não nos interpretariam como intrusos? Será que aprovariam nossas atitudes? E se descobrirmos algo que os desagrade? Ultimamente o semblante do nosso diretor executivo reflete muita tristeza e seu olhar é percuciente, não será que ele tenha algo guardado em seu íntimo que esteja relacionado com a verdade sobre aqueles retratos na parede, que você acaba de me revelar?

Novamente calou-se. Suspirou profundo como se quisesse consultar sua memória sobre eventuais lembranças. Logo assomou o que procurava. Então, com sorriso marcando-lhe o rosto, continuou:

— Fred, atente-se para o que agora me surgiu na mente: Por duas vezes que estive em casa de vocês, ao ensejo da visita de nossos patrões, confesso que aqueles quadros me emocionaram. Não me ocorrem explicações, mas você me instigou a lembrar que realmente havia semelhança entre eles e esse quadro diante de nossos olhos. Fred, quero retornar ao seu lar, para melhor observar aqueles retratos na parede.

Fitou demoradamente o retrato do avô paterno de Lara, notando que ao lado estava o retrato de outro senhor com aparência dominadora. Voltou-se para Fred, pedindo-lhe atenção para aquele quadro. O rapaz ainda não havia notado a existência de outro retrato na parede do escritório, eis que se espantou ao notar que a imagem retratava a fisionomia do seu genitor. A aparência era precisa. Olhando para Dr. Jaques, Fred considerou:

— Doutor, atente-se para a semelhança desses dois célebres vultos da sociedade: A imponência no olhar, a imagem que representa a intelectualidade e o porte elegante não são idênticos? Observe bem e, ao chegar à minha casa, sente-se defronte os quadros e procure perscrutar o olhar, a fisionomia, o sorriso nos lábios, a presença de postura, a elegância e harmonia marcada no rosto de cada imagem e compare com os quadros desta parede. Caso haja realmente semelhança, então podemos ir à procura dessa aparência misteriosa, do porquê de nossas emoções e por que Lara não quer que se retirem os quadros da parede. Pode ser que ela esteja sendo intuída para alguma descoberta sobre a realidade da família.

À medida que os dias decorriam, Fred mais se desassossegava com os retratos na parede, cujos aspectos fisionômicos, que refletiam seus familiares, tornavam-se mais evidentes e, consequentemente, incontestáveis. Consultando o advogado, ambos concluíram que era prudente que se aguardasse para dar início à busca ao passado. Aliás, eles não sabiam por onde haveriam de começar.

Ao ensejo das comemorações de feriados prolongados, Carmem e João Paulo chegaram inesperadamente para visitá-los. Qual não fora grande a festa com que os visitantes foram recepcionados! Fred observava com percuciência todos os gestos do sogro: como ele sorria, como se sentava, como se portava à presença das pessoas, etc. A cada momento juntos, o rapaz, meticuloso e interessado na averiguação da gênese familiar, mais se convencia da identidade dos seus parentes vivos com as imagens dos retratos.

Carmem também, em silêncio, perquiria minuciosamente todos os detalhes refletidos pelos retratos na parede. A inexcedível curiosidade chegou a suscitar-lhe insônia. Às noites, desperta, questionava incessantemente suas reminiscências sobre quem seria aquela gente. Carmem e João Paulo, a sós, sentados no grande salão, observavam meticulosamente as fisionomias configuradas nas fotos e se convenciam de que realmente lhes eram afins. Carmem então comentou:

— João Paulo, não lhe parecem bem familiarizados os semblantes constantes desses retratos? Fixando neles minha atenção me veio à lembrança como o destino nos prega algumas peças, por exemplo: recordei como nos foi bom encontrar Pâmela naquela praia, oferecendo-nos os crustáceos. E, não nos conhecendo, não sabendo que eu trazia no ventre nossa menina, ela nos despertou com humildade para o dever de abrigarmos em nossos braços a nossa linda Lara. Agora, passados vinte e três anos, quisera a mão do destino colocá-la novamente à nossa frente e, desta vez, trazendo consigo seu filho para a felicidade de nossa Lara. Ao tomar conhecimento de que a humilde criatura que nos acendera o clarão desta luz, que ilumina nossa vida, ou seja, nossa pequena Lara, senti incontida emoção, como se ela fosse alguém com quem houvéssemos convivido intimamente.

Silenciou, fitou os retratos detidamente, voltou-se para o companheiro e continuou:

— Agora, observando esses retratos na parede, sinto idêntica afinidade para com essa gente. Até parece que me estão olhando e querendo dizer-me: "Sou seus antepassados." Não tenho dúvidas de que talvez isso seja exorbitância de minha consciência, sobretudo porque esses retratos estão deixando-me deveras apreensiva. Todavia, se é que não digam respeito à nossa família, não vejo motivo para que permaneçam nessa parede, portanto, que sejam removidos desse lugar o quanto antes possível. Podem ser guardados no sótão. Quem sabe se um dia os antigos proprietários não os virão buscar?

Na manhã seguinte, ao ensejo do desjejum, Carmem e João Paulo expuseram tais sugestões, com que todos concordaram. Encerrou-se o assunto sobre os retratos na parede.

A mãe de Lara convidou todos a irem para o salão. Com olhar sereno, ela examinava minuciosamente os retratos na parede, aguardando possível contestação quanto à sua proposição. No pressuposto de que ela havia sido acolhida integralmente, Carmen dirigiu-se a Pâmela, dizendo:

— Eu comentava com João Paulo que esses vultos que nos estão causando pânico, Pâmela, não devem ser considerados como páginas viradas no livro de nossas vidas? Não estariam eles relacionados com nossa preexistência em vidas pretéritas e que agora, se é que realmente existam vidas sucessivas, retornam para outro corpo físico? Pensando bem, será muito difícil obtermos outras explicações que nos persuadam da razão de

Lara ter vindo até aqui para encontrar justamente Fred, seu filho. Não seria encontro premeditado pelas Alturas a fim de nos reunir, por algum motivo do passado? Acredito, com certeza, que uma força suprema tenha preparado nossos encontros. Deus nos está unindo pela eficácia de Seu grandioso amor.

Todos permaneceram em silêncio. João Paulo levantou-se e, segurando a mão da companheira, disse:

—Venha, querida, vamos caminhar para que possamos espairecer-nos. Quem sabe se contemplando a natureza, sua beleza não nos inspire os esclarecimentos que almejamos. Vamos, Carmem, à procura de solução plausível para esse mistério que você suscitou em nosso Espírito. Tenhamos que seu pressentimento não deva ser desconsiderado. É possível que tenham implicações verdadeiras. Embora entendamos que seu objetivo visa, em especial, a transmitir paz para nossa alma. Entretanto, acredito que, em parte, você esteja com razão. Por isso, intentemos decifrar tais hesitações que nos invadem o cérebro. No entanto, concordo com a remoção desses retratos da parede e proponho que encerremos o assunto se não descobrirmos o que procuramos. Talvez não seja de nossa alçada, não é mesmo?

Riram com entusiasmo, em face da brincadeira.

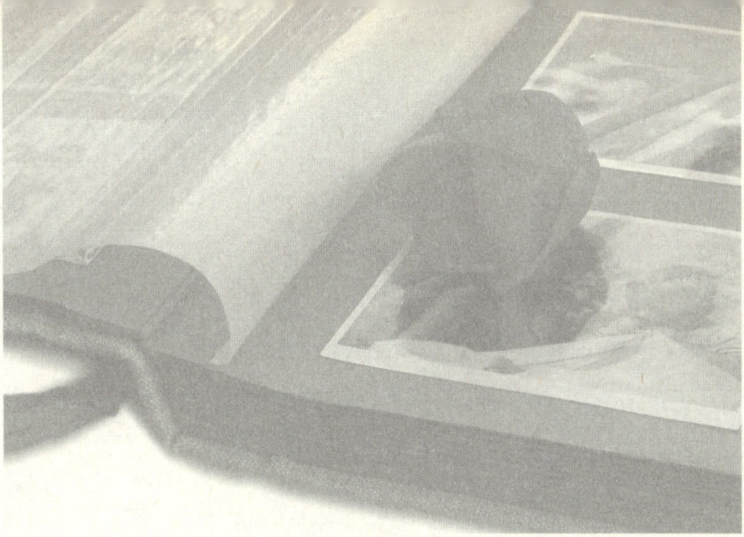

6
Os sucessores

Passeando pelos canteiros de uma pequena praça, Carmem, denotando certo aborrecimento, disse ao esposo:

— Meu querido, venho notando que você se esforça para aceitar o namoro de Lara com Fred. Abra seu coração, meu amor! O rapaz está sendo deveras cortês para com Lara e a faz feliz. Ademais está denotando muita eficiência na condução das atividades da empresa. João Paulo, deixe que os ensinamentos de Jesus penetrem seu coração para que sua alma receba o sentimento de amor espalmado pela bondade divina. Essa força sensibilizará seu coração para se tornar afetuoso pai de

Fred. Nossa filha é tão amada por Pâmela e Carlos Eduardo! Deixe de ciúmes. Note como o amor deles recrudesce a cada instante.

Carmem suspirou para haurir energia bem no fundo de seu íntimo e continuou:

— Querido, o amor é um sentimento emanado das Alturas. Quem somos nós para contrapor os desígnios traçados por Deus! Tenha por exemplo o nosso amor! Ele jamais perecerá, ao contrário, perdurará eternamente porque suas bases vieram de lá!

Apontou o céu com o indicador. Sorriu e continuou:

— Você é como a luz que faz meu universo brilhar. Eu jamais viveria apartada de você.

João Paulo, ouvindo essas palavras, sorriu e acariciou o rosto da consorte, osculando afetuosamente sua fronte. Fitou-a com imenso carinho e considerou:

— Você tem razão, querida! Intentarei ser um segundo pai para Fred. Quero, de agora, apreciá-lo como companheiro de Lara.

— Ficarei muito feliz por essa concepção. Em sendo espontânea e de bom gosto, estou certa de que contribuirá para a realização de nossa filha.

Carmem não imaginava nem compreendia que a oscilação entre o equilíbrio emocional e o constrangimento, deixando suas almas às vezes alegres, às vezes tristes, era a forma com que o espírito lhes pretendia evidenciar a existência de laços ligando-os a avenças e desavenças inerentes ao pretérito. Tanto Carmem como João Paulo possuíam grande acervo cultural adquirido em existências passadas.

Com o decorrer do tempo, Carmem passou a se sentir angustiada. Suas reminiscências relanceavam cenas que não diziam respeito à vida presente. Entre o sono e o despertar, apareciam-lhe nuvens esbranquiçadas, em meio às quais se debuxavam fisionomias, que não lhe eram estranhas. Elas reproduziam os retratos na parede.

Para ela, tais imaginações decorriam de perturbação mental influenciada pela reprodução imaginária dos quadros nas paredes daquela casa.

Então, ela se empenhava em orações a fim de lhe apaziguar o espírito, mas, à medida que o tempo passava, mais ela se embrenhava naquele labirinto de pensamentos estranhos. As imagens perfilavam em sua tela mental, deixando-a tão enlouquecida que, não suportando mais, falou com João Paulo.

Este, embora apreensivo, procurou acalmar a esposa, justificando que talvez os retratos houvessem sido esquecidos na parede, mas a família voltasse para procurá-los. Portanto ela deveria esquecê-los. Carmem sabia que não era tão simples assim, mas esforçou-se para ater-se aos afazeres da empresa, amainando-lhe a agitação mental.

Decorrendo dias, meses e ano, sua tela mental persistia em exibir-lhe tais perturbações. Todavia, paulatinamente, desvelavam-se as evidências. Carmem passava a ver com mais nitidez sua existência pretérita. Ela fora desposada pelo próprio João Paulo, em existência desprovida de luxo, mas saturada de ostentação. Tais imperfeições pretéritas lhes eram mostradas na vida presente com inserções de maldades, dores e sofrimentos causados a Lara e Fred, cerceando-lhes a conjugação amorosa, impedindo-lhes a realização de seus sonhos de amor. Ditas objeções motivaram muita luta e morte por desespero dos jovens, por lhes impedirem a união matrimonial.

Carmem assistia nitidamente às projeções mentais sobre o mal causado pela proibição daquele romance imaculado, saturado de bondade e amor: O jovem suicidara, ingerindo taça de veneno feito de plantas tóxicas e a moça sugara dos lábios, feridos pelo extrato da planta, o resquício do veneno que escorria da boca de seu amado. Debruçada sobre o corpo inerte do noivo, ela entregou-se à vida eterna.

Pelo sofrimento e pelo amor arraigado no celestial mundo dos Espíritos, essas almas não foram conduzidas a julgamento no devastador mundo dos suicidas. A clemência divina prevaleceu, concedendo-se a elas outros retornos à matéria tangível. Para a presente encarnação, ambos foram condignamente preparados pelos mentores espirituais para que retornassem à reparadora existência material.

Carmem revelava a João Paulo todos os pormenores a ela exibidos por sua tela mental.

O esposo, ao lado dela, atinha-se em orações, de mãos postas ao alto, dirigindo suas conversas ao Criador, implorando perdão e prometendo facilitar a felicidade dos dois jovens.

João Paulo e Carmem devotaram-se à caridade, auxiliando jovens casais na organização da vida conjugal. Quando não ofereciam ajuda financeira, davam-lhes trabalho remunerado. E assim, foram alcançando a graça do desenvolvimento espiritual e as imagens dos retratos na parede, que conturbavam suas almas, foram desvanecendo paulatinamente, enquanto continuavam evocando em suas preces que a divina santidade os ajudasse a esquecer tais imagens e os demovesse da pretensão de descobrir eventuais liames entre eles e aqueles retratos na parede.

Fred e Dr. Jaques renunciaram ao desejo de desvendar o pretérito. Para eles, tudo não passava de imaginação causada pelos quadros fixados na parede.

Lara e Fred concluíram os cursos universitários. O rapaz renunciaria às suas funções nas empresas para cumprir a realização de seus ideais. Requisitada sua presença nos Estados Unidos, eles resolveram unir-se em matrimônio antes que o moço partisse.

Atendendo ao pedido de Lara, Fred obteve concessão da Marinha para que permanecesse à disposição das forças navais no Brasil por mais alguns meses. Nesse lapso de tempo, Fred cumpriria seu dever junto à empresa do sogro. O jovem casal transferiria residência para o país americano, sem previsão de retorno.

Aclimados em nova residência, o fuzileiro naval e sua esposa festejavam, emocionados, a alvissareira notícia de que haviam sido agraciados com a concepção de gêmeos.

Ao final da gestação, a futura mãezinha embarcou, só, para o Brasil, onde teria sua genitora a ajudá-la nos preparativos para a chegada dos rebentos, Ada e Ede. Consolidado o parto, Lara permaneceu com os pequenos na casa dos pais, por mais doze meses, pois desejava festejar o primeiro aninho de seus filhinhos junto aos avós maternos e paternos.

Licenciado por dois meses, Fred veio para a terra natal a fim de estar presente na preparação dos festejos. Após concretizarem os desejos de Lara, com pomposa festa comemorativa dos primeiros meses de vida dos filhos, o casal preparava o retorno para o país americano. Com o nascimento dos netos, João Paulo sentiu que a força do destino o aproximara com mais intensidade do genro. Impelido pela insuportável dor da separação, o avô armou-se de coragem para suplicar à filha e ao genro:

— Deixem conosco Ada e Ede, até que atinjam maioridade. Peço! Prometo levá-los a cada dois meses para visitá-los. Assim poderei redimir meu erro por ter tido dificuldade em aceitar Fred como meu genro. Por intermédio de Ada e Ede, Deus mostrou-me que não há diferença entre Seus filhos. Lara, filhinha, convença Fred a conceder-me o arrimo a meus netos! Minha intenção parece estranha, mas é que quero oferecer-lhes um futuro deveras promissor, pelo menos até seus vinte e um anos. Lara, saiba que em eventual discordância de vocês, eu sofrerei muito em face de minha imensa predileção por estas lindas crianças. Por favor!

Lara, sobressaltada, voltou-se para Fred que se adiantou a responder ao pedido do sogro:

— Senhor João Paulo, muito nos sensibilizamos com sua dor pela separação de Lara e, agora, seus netos. Todavia, como sobreviveríamos ante a ausência de nossos filhinhos? Não acha, o senhor, que sofreremos muito ante a ausência deles?

— Com certeza, pois são vocês os pais. Mas não estou pretendendo arrebatá-los definitivamente de vocês, apenas estou propondo determinado tempo, suficiente para propiciar-lhes estudos e ensinamentos como sói o conceito de nossa família. Se os separarem de nós, como lhes mostraremos nossa origem e como os ensinaremos a comandar nossos empreendimentos? Fred, eu e Carmem não tivemos um filho varão para assumir a direção de nossas atividades empresariais, que sucedem de nossos ancestrais. Não as devemos confiar a estranhos, Fred. Não consta de seus planos renunciar aos seus projetos navais, como Engenheiro da Marinha, não é verdade? Então, a quem entregarmos o seguimento de nossas indústrias?

— Paizinho, compreenda nossa situação — interferiu Lara. — Veja bem, custou muito ao senhor aceitar minha decisão de transferir-me para longe. Foi para você dura realidade! Embora eu fosse de maioridade, você queria impedir-me de ir para São Luiz. Assim são também nossos sentimentos. Além do mais, Ada e Ede são tão pequeninos que precisam de nossa companhia! De nossa proteção! Sei que vocês seriam os maiores guardiões de seus netos, mas, por favor, paizinho, não seria o mesmo que estar ao lado dos pais!

Carmem, até então, ouvia em silêncio. Ela também se afligia com a separação da filha e dos netos, contudo, reconhecia a razão da filha. Então, emitindo suavidade na voz, ela se manifestou:

— João Paulo, meu amor, respeitemos as razões lógicas expostas por Lara! Veja bem, querido, eles, como nós, sofrerão com a ausência dos filhos, em especial por se tratar de crianças ainda indefesas que necessitam do afeto paternal e maternal e não do arrimo dos avós, ainda que por elas tenhamos afeição inexcedível! Na fragilidade da fase de bebês, as crianças carecem do afeto dos pais. Trata-se de convívio inato, procedente desde a vida vegetativa no útero materno, quando a mãe mantém estreito relacionamento com o feto em formação. Para isso somos preparados pelas Alturas.

Carmem inconscientemente falava inspirada pelos amigos ce-

> lestiais. Suas palavras provinham de registros processados pelos Espíritos, magneticamente em seu cérebro. Caros leitores, toda encarnação decorre da vontade e da bondade do Criador das almas. Cada ser recebe prescrição para executar, na Terra, as tarefas que lhes são designadas. Mas apagam-se as reminiscências da memória física, permanecendo somente no Espírito. Nesse caso, Carmem não percebia que as vozes eram do infinito. Ela falava de modo simples e com naturalidade.

Sensibilizados, Lara e Fred intentavam, com amor, dissuadir o pai de sua vontade descabida. Mas o vovô não se convencia de que eles estavam com razão ao afastar os netos dele. Angustiado pela rejeição de seu pedido, João Paulo foi acometido de forte contração muscular no peito, levando-o à crise hipertensiva repentina, impedindo-se a corrente sanguínea, desencadeando obstrução arterial e lesão no coração. Lara, sentindo-se causadora do mal súbito, aguardou por mais alguns meses, enquanto Fred retornou ao trabalho na Marinha Naval. João Paulo conseguiu refazer-se, mas persistiram sequelas. O médico os preveniu de que eventual contrariedade, por menor que fosse, o levaria ao óbito.

Lara, premida pela dor e pela aflição e, sobretudo, pelo amor filial que lhe imprimia a vontade de preservar a vida do pai, deixou os filhos, partindo só ao encontro de Fred. Ela levou consigo a esperança de que, em breve, o pai teria total convalescência, quando então ela levaria Ada e Ede para viverem felizes onde residiam, no exterior. Entretanto, João Paulo, cada vez mais debilitado, necessitava de efetivos cuidados. As viagens de Lara ao Brasil, para ver os pais e os filhos, se tornaram frequentes.

Na obstinação para sobreviver e encaminhar os netos aos estudos e à direção das empresas, João Paulo vencia o embate da morte. Embora vivendo sobre leito a maior parte do tempo, o convalescente hauria força na esperança de chegar onde desejava.

Assim é que se passaram vinte e um anos. Ada e Ede realizavam os sonhos dos avós. Ada formou-se em administração empresarial e Ede em desenvolvimento econômico e social, que o habilitaria para buscar novas concepções administrativas. Os jovens cuidavam com esmero e inteligência dos negócios que expandiam progressivamente, conquistando eminência empresarial, tanto em São Paulo como em São Luiz. A continuidade da herança deixada pelos antecessores estava em franco progresso.

O avô, constatando o incremento progressivo e vantajoso dos resultados financeiros e administrativos, considerou-se superado em suas atividades. Esperançoso no futuro e comovido pelo sucesso dos netos, sentindo-se exausto, mas com sorriso dignificante nos lábios, entregou-se aos braços da morte.

Retornando ao Brasil por ocasião do falecimento do pai, Lara convidou a mãe e os filhos a se desfazerem das empresas e com ela se transferirem para Nova York. Antes que Carmem se manifestasse, Ada e Ede se entreolharam. O jovem se adiantou a interceder solidário à avó, pois sabia que, por ela, a existência das empresas deveria ser preservada. Precavendo-se de não ferir a sensibilidade materna, disse:

— Mãezinha querida, você e papai, a quem muito amamos, hão de convir que essas indústrias são a vida da vovó. Não desejamos que ela venha arrepender-se mais tarde por desfazer-se de um patrimônio, cuja posse, há séculos, é preservado por sucessão na família. Vovó, neste instante, não tem condições de decidir sobre o que lhe seja interessante. Não queremos, eu e Ada, abandonar as propriedades deixadas por vovô, nem tampouco transferi-las para estranhos. Portanto, desfazer das empresas não faz parte de nossas cogitações. Vovô batalhou incansavelmente para conservar esses bens familiares. Enquanto ele estava enfermo, fizemos o possível para não deixar cair sequer uma folha de sua mesa empresarial. Ao contrário, fortalecemos suas atividades e seus resultados financeiros, a fim de oferecer ao vovô o gozo da vida eterna. Sabíamos que a morte no-lo arrebataria; então, com dedicação, fizemos questão de mostrar-lhe nossa seriedade e nossa competência para darmos prosseguimento administrativo ao seu grande império.

O jovem fez pequena pausa, acariciou os cabelos da irmã, osculou a fronte da avó e aconchegou ao peito a doce criatura materna, continuando:

— Queremos resguardar todo o acervo que vovô recebeu por herança dos seus antepassados e cultivou durante todos esses anos. Por respeito às suas memórias e às aspirações de vovó, daremos continuidade às suas obras e estamos certos de que colheremos os frutos das sementes plantadas. Ademais, desejamos que vovô se sinta realizado no eterno, pelo trabalho que levaremos avante.

Ede fez silêncio e olhou para Ada como se desejasse que ela acrescentasse algo. Ela suspirou profundamente e tomou a palavra:

— É fato, mamãe! Com certeza vovô gostaria que continuássemos suas obras. E mais ainda... Jamais ele ocultou a aspiração de ter papai ao seu lado, dizendo: "o tempo nos trará de volta a presença de Fred e com isto terei paz. Vocês precisarão da inteligência e do trabalho de seu pai". Portanto, mamãe, peça a papai que volte para nossa Pátria! Diga-lhe que somos filhos deste glorioso país! O Brasil é um mundo de povo heroico, um país colorido com as cores do arco-íris. Diga a ele que o Brasil é um mundo gigante e que o sol que o ilumina é mais ardoroso, é mais intenso. Diga também que amamos muito nosso pai, e o queremos junto a nós por nos ser ele especial.

Ada fez pausa, suspirou e voltou a falar:

— Necessitamos dele para o progresso de nosso grande empreendimento deixado pelo digno e lutador, Sr. João Paulo. É nossa vez de reclamar sua falta e dizer que orgulhamos muito de ser seus filhos e netos deste extraordinário homem.

Lara, sentindo-se orgulhosa dos filhos, sorrindo e chorando ao mesmo tempo, disse, com grande sentimento de amor:

— Bravos! Bravos, meus filhos! Vocês me deixaram emocionada e confesso que tudo farei para voltar para nossa Pátria. Levarei esse recado a seu pai. Aguardemos confiantes, pois vocês poderão ter surpresa e, por que não acreditar em nosso retorno a fim de nos unirmos?

Lara retornou para os Estados Unidos levando consigo doces lembranças das palavras dos filhos. Elas, durante a viagem, soavam em seus ouvidos como se fossem hinos de louvores.

Após cerca de anos de insistência é que Fred conseguiu transferir-se para a Marinha Brasileira.

Lara se sentiu completamente realizada. Uniu-se aos filhos e se dedicou à mãe. Por volta de um ano e meio, Carmem retornou ao mundo dos Espíritos, onde se encontrou com João Paulo com quem se unira por força do amor eterno, a fim de levarem proteção aos entes queridos.

Decorridos alguns anos, Lara, acompanhada de Fred, vasculhando o sótão, descobriu velho baú em que se encontravam vários objetos inerentes a épocas remotas. Remexendo-os, o casal de curiosos parecia tomar conhecimento de reproduções que há muitos séculos se guardavam, de modo que ninguém soubesse. Nem mesmo Carmem, pois ela jamais havia comentado algo a respeito da tal arca.

Encantada com a descoberta, no tira e põe das peças, de repente surgiu um álbum, gravado em ouro os dizeres: "álbum da família". A cada fisionomia que a moça observava irrompiam-lhe estranhas reminiscências que personificavam as imagens constantes dos retratos na parede. Emocionada, ao examinar detidamente todas as fotos, cada vez mais Lara se surpreendia e se convencia da grande semelhança entre as referidas fotos.

Então, chamou por Fred que estava procurando algo que nem mesmo ele sabia o que era. Com espanto, perceberam que uma das fotos mostrava um casal com fisionomia visivelmente idêntica à do pai de Lara e à imagem que se encontrava na parede do escritório do advogado da empresa, contemplada por Fred, quando lá comparecera. Quem seria? Por que estaria ali embaulada a foto que parecia revelar alguém de sua família? Deveria haver razões!

Fred e Lara obstinaram na investigação dos monturos, visando a desvendar o mistério. Por que estava guardado junto com os da família de Carmem? De repente apareceu um diário versando sobre o tronco familiar. Às primeiras páginas, Fred e Lara já descobriam os grupos de ancestrais, membros da mesma família. Mas quem seriam os membros daquele casal? Olhou para a companheira e a surpreendeu dizendo:

— São antecessores da mesma família, esse casal representa fatos concretos de nossa família. Todavia, haverá outros antecessores nesse meio pelos quais se revelará com mais evidência a verdadeira genealogia e nossas vidas sucessivas. Veja, querida, como são parecidos com minha mãe! Não são avós de Pâmela ou, tetravô, tataravô? Não sabemos. Nem posso imaginar e isso me deixa encabulado.

Lara estava emocionada! Então ela e Fred eram sementes de vidas pretéritas? Comporiam famílias que renasciam na Terra para cumprir desígnios programados pelo Pai, corrigindo imperfeições cometidas quando ancestrais em eras passadas? Mas por que Pâmela e seu esposo Carlos Eduardo figuravam entre as fotos dos ancestrais de Lara?

Os pesquisadores não teriam paz caso ficassem insensíveis à misteriosa hesitação. Haviam de decifrar aquele universo de coisas estranhas, que lhes conturbavam a mente e lhes contristavam a alma. Eles se obstinariam enquanto não desvendassem a verdade.

Decorridos mais alguns meses, revolvendo todos os cantos do sótão, Fred e Lara encontraram certo prospecto de livro manuscrito, em letras itálicas, tão inclinadas que dificultavam a leitura. Mas, empenhando-se, conseguiram indícios que evidenciavam vestígios de relações entre suas vidas presentes e existências pretéritas, além de outros fatos que possivelmente determinavam os sucessivos renascimentos com liames familiares, segundo a sabedoria divina.

Confiantes no sucesso da busca, intentavam descansar a mente no decorrer da noite. Entretanto, a cada manhã reiniciavam a leitura e sua respectiva interpretação. Porém, não raro, se embaraçavam nas letrinhas inclinadas, até que seus ânimos se arrefeceram. Então, aos poucos, foram confiando o resultado de tais pesquisas ao tempo e que, talvez um dia a revelação viria à tona.

Viveram na Terra por mais cerca de vinte anos. Primeiro, partiu Fred, depois Lara que, por não suportar a ausência do amado, desligou-se do corpo físico, indo ao encontro do homem que lhe ofertara a felicidade eterna.

À ausência de Fred e Lara, seus filhos Ada e Ede deram sequência à administração empresarial. Posteriormente, esses administradores legaram aos seus descendentes, já adultos, tudo que haviam aprendido com os avós maternos, Carlos Eduardo e Pâmela, haja vista que também fizeram retorno ao reino celestial, após viverem harmoniosamente reunidos na mesma família, como em vidas anteriores.

A continuidade das empresas ficou sob a égide da inteligência dos filhos de Ede e Ada. Estes se orgulhavam de seus falecidos pais, avós e os antecessores.

Um dos filhos de Ede optou por receber sua parte com que adquiriu extensas áreas rurais, em cumprimento ao designado pelas Alturas, porque haveria de dar procedência a uma nova existência de vida programada pelo Criador.

Neste contexto é que alicerçaremos o início de um novo palco de vida, em que se mostrará como a vida continua, dando sequência às gerações. A era do prazer Redentor. A era do sabor do amor divinal. A continuação das páginas da vida, determinadas pelo amor de Deus. Uma bênção do céu para a Terra.

SEGUNDA PARTE

A vida continua no sabor do amor

Antes de dar início à segunda parte desta obra, quero mostrar aos leitores, que as vidas sucessivas são necessárias para nosso desenvolvimento na Terra e no Eterno.

Os laços consanguíneos que se formam nas existências físicas não são desfeitos pelas sucessivas reencarnações. Ao invés disso, nas uniões dos corpos carnais, permanecem os liames familiares, segundo a sábia vontade do Criador.

As almas retornam sucessivamente à Terra, na mesma família,

fortalecidas e moralizadas, cumprindo o progresso espiritual. É assim que a vida continua. Na Terra, o Espírito, por mais elevado que seja, renasce como criança, olvidando seu passado, a fim de facilitar seu novo aprendizado.

As almas que encerram seu estágio na clausura física, para preparação redentora, retornam ao mundo espiritual. Ao ensejo de tal retorno, elas recobram seu acervo moral intelectual inerente ao passado, então olvidado ao renascerem na Terra, agora enobrecido com o aprendizado da vida material, da qual se despede.

E o amor infinito abre as portas do céu para acolhê-las, a fim de continuarem a vida da erraticidade, que sucede à existência terráquea. Assim é o sabor da vivência sucessiva estribada em elos compartilhados divinamente, que só a

Deus pertencem. Somente o céu os cobrirá na partilha dos bens do amor. Porque esta é a herança legada por Deus.

A seguir, daremos seguimento à história das vidas sucessivas da família, segundo consignado no álbum de família eternizada.

7
Flores de laranjeira

O Céu enviara à Terra um Espírito de elevada esfera, dotado de excelente moral, designado à missão de dileto apaziguador. Sua elevação era fruto da remuneração de bônus acumulados em diversos renascimentos na Terra, por desenvolver, naturalmente, a harmonização prescrita pelo celeste.

Elias, nome com que o batizaram por inspiração dos Altos. Ele se orgulhava quando ouvia comoventes histórias dos antecessores, avós de seus pais. Ele as achava notáveis. Emocionava-se quando lhe era exposta toda a verdade sobre dois jovens amantes que não cederam às condições impostas pelos ancestrais para a preservação dos costumes de sua descendência.

José, pai de Elias, como se houvesse conhecido pessoalmente a todos, narrava com entonação marcante esse passado reservado perenemente em cada Espírito membro das mesmas famílias.

Habitualmente, após o jantar, esse grupo de família gerada no mesmo tronco, sentava-se na sala destinada a assuntos formais e comentava fatos agradáveis, inerentes aos antepassados, dos quais permaneciam os retratos na parede, ali preservados, desde os mais antigos membros daquela egrégia casta, até os personagens desta história.

As fotos de todos os descendentes estavam expostas nas paredes, organizadas de acordo com a ascendência familiar, encerrando-se até àquele tempo com dois belíssimos quadros, cujos nomes estavam grifados. No quadro de uma formosa dama, estampava-se o nome de Lara e, no outro, Fred. A imagem de Lara causava estranheza e impressionante sensibilidade aos espectadores. O quadro de Fred oferecia visão de espectro, como se nele estivesse presente sua própria alma. A vida desse casal era a mais comentada pelos analisadores, dentre os quais, Elias porque parecia assimilar os liames amorosos do casal, com o qual sentia íntima e inexplicável afinidade.

O tempo correu naturalmente. Elias, jovem, mas sentindo-se com maturidade, foi para o Rio de Janeiro a fim de estudar. Optou pelo curso de Agronomia, cuja formação o habilitaria para administrar as fazendas, que certamente herdaria.

Após cinco anos, Elias retornava para o lar, munido do certificado de habilitação em Agronomia.

Ainda que trouxesse consigo a insígnia da especialização agronômica, conservou sua dignidade e sua alma humilde. Constantemente era assediado por lindas garotas, mas sua alma parecia vazia. Ele a locupletava com seu trabalho, ao lado de seu bondoso pai, José.

Certa manhã de sol escaldante, o lindo rapaz de cútis morena, olhos e cabelos negros, corpo atlético, peito másculo com pelos fechados, mostrava nos lábios leve contração muscular, em face da satisfação de observar como o abnegado genitor mantinha o zelo do quintal e dos jardins da fazenda. No pomar, as árvores frutíferas haviam sido plantadas cuidadosamente enfileiradas, as laranjeiras repletas de frutos o encantavam. Então ele refletiu que zelaria ainda mais, aplicando, doravante, seus conhecimentos agronômicos, para contentamento do pai. Com suspiro emanado do íntimo, falou para si mesmo:

— "É claro! Farei muito mais! Recordo, com carinho, que, quando criança, meu pai dizia-me: 'Filho, você deverá preparar-se para o cultivo destas terras e não deixá-las esterilizar, pois elas lhe serão de muito agrado para o seguimento de seu futuro!'. Agora sei que meu pai quis recomendar-me que conservasse a transmissão dos bens de família que sucedem de herdeiros a herdeiros. Lembro-me de suas amorosas palavras: 'Filho, estas terras um dia serão todas suas, portanto devo dizer-lhe que se aperfeiçoe bem nos estudos para aprender a ofertar-lhes a vida'. Sim, meu pai, eu saberei cultivá-las. Hoje, sou doutor das plantações. Dar-lhe-ei este prazer. Prometo torná-las muito especiais."

Elias possuía índole apreciável, moral elevada e era bastante responsável. Percorria diariamente toda a extensão plantada, examinando todo o laranjal. Com carinho, segurava o fruto como se fosse peça cristalina de grande pureza, porque sua alma possuía a essência do amor. Ele aplicava seus conhecimentos com habilidade a fim de que o porte físico dos frutos se adequasse à necessidade e ao progresso da industrialização.

Elias introduziu nas fazendas de propriedade de seu pai o cultivo da cana-de-açúcar. Inspirado pelas Alturas, implantou nas próprias terras duas grandes indústrias: uma para fabrico de açúcar e a outra para extração de sucos. Seu objetivo seria a exportação. Aguardaria o tempo certo para pleitear relações de compras e vendas com o comércio exterior.

José trazia na memória reminiscências do plano espiritual, sobretudo os sentimentos moralizados que passou para o filho e os ensinamentos aprendidos com os contos históricos dos ancestrais, os quais ele fazia questão de conservar. Como homem honrado, mostrou a Elias o verdadeiro sentido da vida, aconselhando-o que devia acautelar-se quanto à sua caminhada terrena e que buscasse valores que o elevassem como ser humano.

A mãe conservava na memória a inata mescla de bondade e orgulho. Contudo, ao ensejo do presente retorno à Terra, ela viera predestinada para moralizar seu espírito, desfazendo-se de imperfeições pretéritas. Então, ela lutava para se tornar humilde denotando manifestação de amor e meiguice. Contudo, por vezes era necessário que fosse alertada pelo companheiro, para que moderasse seu comportamento. Débora, no entanto, sentia maceração mental que a submetia a desagradável nostalgia. Tais ressentimentos não eram senão repercussões de outras vidas. Em momentos ela se transfigurava em anjo e, em outros instantes, ela se agitava com distúrbios mentais e crises nervosas, aparentemente sem motivo.

> O passado, às vezes, se torna tenebroso, deixando-nos com um vazio que não entendemos, acometendo-nos de certa tristeza para a qual também não encontramos

> explicações. É uma luta constante para o encarnado compreender a força interior. Isso é que o Espírito Débora trazia consigo um desejo imenso de viver com liberdade, de soltar-se da matéria e erguer voo para o espaço infinito.

Elias caminhava por entre as trilhas do pomar, encantado com a exuberância das árvores frutíferas e com a maturação dos frutos. Adentrava os carreadores do laranjal, bem zelados, admirando o capricho do pai.

Sentou-se em uma pedra, recostou a cabeça no tronco de uma laranjeira e, com pensamento voltado para o genitor, imaginou como poderia ele ser, naquela idade, tão saudável e cuidadoso. Sentindo-se exausto, por haver percorrido diversas trilhas, deu breve cochilada e foi despertado por uma voz canora, cantarolando linda e doce canção. Aproximou-se cauteloso. Seu coração jamais havia pulsado com tanto descompasso ao vislumbrar bela jovem, de olhar meigo, corpo esguio, bem torneado, cabelos doirados, longos e encaracolados. Sua voz maviosa entoava fascinante canção de amor com o poder de seduzir almas.

A bela donzela, absorta, colhia os frutos do laranjal, depositando-os em cesto. Para não assustá-la, o moço retornou por outra trilha e, com passos lentos, foi aproximando-se, assoviando a mesma canção com que a jovem o impressionara. Ao aproximar-se da menina, Elias esboçou amistoso sorriso. A jovem, sobressaltada, fez menção de retirar-se. Mas ele estendeu a destra em sua direção, oferecendo amizade:

— Não tenha receio. Não lhe vou fazer mal algum. Meu nome é Elias. Sou filho do proprietário destas terras. E você, quem é e como se chama? Reside aqui na fazenda? É muito bonita!

A mocinha inclinou a cabeça humildemente. Seu ímpeto era sair correndo, mas uma força superior a deteve. Seus olhos brilharam com diminutas pérolas de lágrimas. Por quê? Qual seria o motivo de estar ela imobilizada? Não conseguia locomover-se, mas em sua alma refletia-se paz. Dava-lhe impressão de que conhecia o rapaz. Mas de onde? Quando? De que lugar? Quem seria aquele jovem que a perturbava tanto? Sem dúvida, era reminiscência do pretérito. Afinidade de outras marcantes vidas.

Elias, levando as pontas dos dedos ao queixo da temerosa donzela, ergueu-lhe suavemente a cabeça, então cabisbaixa, e embriagou-se em seus lindos olhos, azuis como o límpido firmamento. Intuído de algo misterioso, sentiu vontade de adentrar o túnel do tempo para retroagir-se ao passado e descobrir o que havia por trás dos lindos olhos azuis que enfeitavam aquele encantador semblante e o enfeitiçava.

Aproximou-se cauteloso, com o coração palpitante. Inferia que talvez estivesse diante de um espectro de fada enviada por Deus. Seria amor concebido ao primeiro encontro? Caso fosse, nada havia a temer. Então por que tal tumulto no cérebro?

Intentou acalmar-se e abriu amigável sorriso nos lábios. A moça condescendeu com olhar suave, terno e fascinante. À condescendência, juntou-se o inebriante aroma das flores das laranjeiras para estimularem a irresistível impetuosidade ao seduzido rapaz. Ele, respeitosamente, achegou-se à donzela e beijou-lhe os lábios, respeitosamente. Ela se entregou como se já o conhecesse. Mas, percebendo sua precipitação, afastou-se com meiguice dos braços do jovem, dizendo:

— Não, por favor!

— Fique calma, menina, não lhe farei mal! Perdoe-me! Sinto pejo pelo que fiz! Não sei explicar, mas foi um impulso irreprimível de felicidade marcante em minha alma, como se já nos amássemos de outras ocasiões e agora nos estarmos reencontrando. É estranho até para mim mesmo. É como se já houvéssemos vivido em um mundo especial. Fale-me de você, como se chama e que me perdoa.

Cabisbaixa, a moça expressou-se com voz suave:

— Chamo-me Marissol, mas me tratam pelo pseudônimo de Sol. Interessante, não é mesmo? Mas até que gosto! É o nome do grande Astro, com cujo brilho nos mostra o amor de Deus por nós.

Dizendo tais palavras, foi retirando-se. Mas Elias, então, pediu:

— Não vá ainda! Por favor! Fale-me de onde veio e o que faz além de colher essas frutas.

Sol sorriu e, suspirando, disse:

— Eu também me senti venturosa, encontrando-me aqui com você. Foi para mim um encontro inédito. Mas devo comportar-me, pois sou de humilde família de campônios destas terras. Você quer conhecer minha origem, pois bem. Nasci aqui e aqui vivo até este momento. Cresci entre estes pés de laranjas. Quando bebê, minha mãe forrava o solo com pano grosso, na sombra das laranjeiras, para que me acomodasse todo o dia, enquanto ela laborava nos carreadores. Ali eu dormia e acordava sempre me alimentando nos seios de minha adorada mãezinha. Na escassez do leite, ela espremia laranja em meus lábios, para saciar-me com o doce caldo das frutas. Embalava-me em seus braços, passando-me seu amor, quando não encontrava outras maneiras de me sustentar. Desse modo é que me fui desenvolvendo até meus primeiros passinhos. Mais crescida, eu segurava na barra do vestido de mamãe e a acompanhava até o local de colheita das laranjas. Aos cinco aninhos, pela vontade de meus pais, laborei a primeira colheita, pegando dos galhos que se aproximava do chão. Certa feita, ao intentar pegar uma fruta no cabaz, caí dentro dele, porque ele era profundo para mim. Minha mãe ficou irada e me deu algumas palmadas, de que nunca esqueci.

Fez uma pequena pausa e, em seguida, sorrindo, voltou a explanar:

— Desde esse dia, mamãe não mais se descuidou de mim. Ao completar meus quinze anos, o senhor barão, José, levou-me para a cidade, internando-me em um colégio e arcando com todas as despesas. Em reconhecimento à sua bondade, esforcei-me, preparando-me para os estudos graduados. Formei-me em Pedagogia. Fiz pós-graduação na cidade do Rio de Janeiro, mas meus pais não permitiram que eu permanecesse naquela cidade.

Silenciou por instante. Suspirando, retornou:

— O senhor barão, inconformado com as atitudes de meus pais, mas precavendo de não os contrariar e percebendo meu esforço e meu desejo de pôr em prática meus conhecimentos, construiu aqui na fazenda uma escola para que eu pudesse passar às crianças e jovens meus conhecimentos. Esta casa de ensino foi legalizada nos competentes órgãos educacionais do governo. Tal legalização me permite a satisfação de vê-los habilitados para curso superior. Sou muito feliz por isso. Para mostrar-lhe meu agradecimento por sua bondade, é que lhe ofereço meus trabalhos, em horas vagas, na colheita dos frutos. Não nos conhecemos, mas isso não me impede de dizer-lhe que aconselho a todos a se espelharem na dignidade do barão.

Após nova pausa, ela acrescentou:

— Elias, quero lembrá-lo de que a despeito de meus conhecimentos, continuo sendo filha dos simplórios camponeses das terras de seu pai. Portanto, não nos devemos continuar encontrando, a fim de evitarmos eventuais malquerenças no âmbito de sua família. Não posso conceber que meus pais venham a sofrer hostilidades no trabalho por irresponsabilidade minha, envolvendo-me com um homem a cuja casta não pertenço. Estou prevenindo-me para que não venha ser interpretada como caçadora de dotes. Não, Elias! Não sou digna de me envolver com um jovem ilustre como você!

Marissol percebeu que suas franquezas teriam causado constrangimento ao seu interlocutor. Então, com olhar afetivo, perscrutou a postura contrariada do moço e desculpou-se. Elevando-se às pontas dos pés, beijou-lhe as frontes. O jovem encantou-se com a sensibilidade da professora. Sentindo imensa ternura, segurou-lhe a destra, dizendo:

— Sinceramente, não me ocorre inconveniente algum para que possamos continuar nosso relacionamento. Já não posso admitir que você se afaste de mim, pois meu coração suplica que permaneçamos juntos por tempo... Talvez, hum!... Uns... Espere! Deixe-me imaginar.

Colocou a mão na testa e, sorrindo, concluiu:

— Ah! Acho que sei! Para a eternidade afora. Sol, você é divinal! Creia-me, garota, dentro de mim, é como se o dia de hoje já houvesse existido em nossa vida. É como se já estivéssemos, em algum lugar, em algum tempo, nos encontrado e vivido num mesmo clima como agora. É como se milhares de vezes estivéssemos unidos por elos fortes que jamais se arrefeceram. Tanto é que voltamos a nos encontrar e me confesso emocionado e feliz. Não haveria alguma razão? Não sente o mesmo?

Ela o fitou, denotando enorme simpatia e expressou o que realmente sentia:

— Elias, eu também me sinto confusa desde o momento em que você aqui chegou. Foi como um choque de correntes positivas, vindo do céu para penetrar meu corpo. Seu olhar não me era estranho. Imaginei onde eu o teria visto, mas não obtive respostas.

Após segundos de silêncio, sorriu e acrescentou:

— Já não nos teríamos encontrado algures? Em algum lugar onde o sol só brilhava para nós dois? Somente nós?

Voltou a sorrir e disse com dengo:

— Ó perdoe-me! Minha mente está confusa eis que digo coisas da espiritualidade. Desculpe-me!

Elias, compenetrado, somente colheu um galhinho de flor de laranjeira, beijou-o e, pedindo permissão, colocou-o nos cabelos de Sol, dizendo:

— Estas alvas e perfumosas flores de laranjeira serão o indício desse encontro. Espero que outros hão de acontecer pois assim é que desejo. Desvendaremos, talvez, um amor de que tenhamos sido inibidos e que, desta feita, germinará e frutificará em nossa alma.

— É claro! Você disse que estas lindas e pequenas flores brancas são insígnias de nossa união. É certo, pois elas exprimem o amor. Quem sabe se não seja o eternizado encontro a que você se referiu há pouco!

Sorriram, sentando-se na pedra sob a laranjeira, e continuaram o diálogo agradável. Em certo momento, uniram as mãos e sentiram como se estivessem caminhando em longa estrada, em direção onde poderiam encontrar o que estava escrito entre os astros. Eles se uniriam em futuro bem próximo. O amor prevalece na Terra, onde a vida continua segundo a vontade do Criador. Deus programa os desígnios de suas criaturas da Terra.

8

A luz do amor

Elias ergueu-se da pedra e estendeu a destra para auxiliar Sol a levantar-se. Fitou a doce menina, com a sensação de estar diante de uma diva deificada pela generosidade de Deus. Seu corpo estremeceu ante a íntima sensação que lhe suscitou ao notar, em torno do pescoço da jovem, a presença de lindo trancelim com delicado coração. Então, com voz afetuosa, ele comentou:

— Que lindo colar e delicado coração! Que misteriosa relíquia! Estranho! Sol, é como se eu já a houvesse visto! Posso?

Estendeu a destra para tocá-lo. Sol, com gesto de carinho, retirou a joia do pescoço e a entregou ao moço. Elias ficou maravilhado e suas mãos tremiam. Marissol tomou de volta o cordão de ouro, abriu o pequeno coração e mostrou ao rapaz uma foto envelhecida pelo tempo. Elias sorriu perguntando:

— Seria de seu pai? Ou talvez de seu avô?

— Não! Para o bem da verdade, nem sei de quem se trata.

— Mas como o usa, não sendo seu?

— Meus pais o adquiriram para me presentear no dia de minha formatura. Quando abri o coraçãozinho, tanto quanto você, senti meu espírito constranger-se. Foi como uma recordação com mescla de tristeza e alegria. Mostrei a meus pais e eles, da mesma forma, ficaram encabulados. Procuramos o joalheiro para nos dar explicação de quem seria aquela foto, mas ele nos respondeu que não era de seu conhecimento, pois apenas brune as joias que compra, eis que, ao abrir o pequeno coração para acrisolá-lo, não atinara com a imagem existente em seu interior.

Sol suspirou profundamente, dizendo:

— Guardo-o comigo como sendo relíquia de muita estima.

Contemplou silenciosamente a foto e continuou:

— Por vezes, busco nela recordar alguém que ficou muito distante! Trata-se de agradável reminiscência que me concede esperança de um porvir feliz e com paz.

— É curioso, Sol, que a fisionomia dessa foto assemelha-se à de um jovem retratado no quadro afixado na parede de minha casa, entre outros de nossos ancestrais. Examine bem se seus traços não lhe incitam lembranças. Nesses retratos estão embauladas as mais belas histórias de amor. Meus pais sempre as recordam por meio de contos que dizem respeito à existência e ao relacionamento desses ancestrais, dizendo que tais reminiscências, ricas em detalhes, devem ser preservadas em nossa memória, porque são fatos relevantes para a família. Em suas narrações eles realçam, com muito entusiasmo, um jovem casal: Fred e Lara. São histórias de amor realmente muito comoventes. Fred!... Ó! Essa foto guarda muita semelhança com a foto do rapaz que meu pai disse chamar-se Fred e que se encontra na parede de minha casa!

Suspirou profundo e, olhando para Sol, voltou a dizer:

— Interessante mesmo é agora fixar minha atenção em você. Tenho íntima impressão da existência de uma ligação muito viva entre você e a jovem que se chamava Lara, que aparece nos retratos na parede de minha casa. Seus traços parecem confirmar minha imaginação. Sol, até seus cabelos são idênticos aos dela, louros e encaracolados. São imagens perfeitas. Lara, bonito nome.

Quando Elias pronunciou novamente o nome Lara, Sol sentiu seu corpo arrepiar. O moço a fitou com imenso carinho e alisou seus cabelos, dizendo:

— Quando for à minha casa, mostrar-lhe-ei os retratos na parede e contar-lhe-ei as lindas histórias de amor de Fred e Lara. Eles também são nossos antepassados.

— Ficarei muito lisonjeada e feliz em saber sobre a vida desses jovens. Deve ser mesmo muito interessante! O amor, quando há entrega total, é divino. Ultrapassa qualquer barreira. Nada o impede e nada o desfaz. Por amor, podemos enfrentar até a fúria das tempestades marítimas. Quando se amam de verdade, mesmo que se separem pela morte, as almas se reencontram no Eterno e se juntam para retornarem à Terra.

Elias olhou para o relógio, presente do avô, preso com belíssima corrente de ouro na pequena casa do colete e guardado no bolsinho da frente, dizendo:

— Nossa! Como o tempo passou!

Estendeu a destra e perguntou:

— Acompanha-me?

— Lógico! Minha pequena morada é ao lado de seu casarão. Ademais, já se inicia o crepúsculo vespertino, cujas trilhas do laranjal escurecem mais depressa. À falta da claridade, tenho medo de andar a sós por esse imenso pomar.

A mente de cada um era revolvida por um turbilhão de hesitações. O coração pulsava como se fossem asas ensaiando voo. O casal caminhava em silêncio. Cada qual com seu pensamento.

A certa distância da caminhada, Marissol houve por bem falar de sua infância. De muito pouco ela recordava, mas às vezes plasmavam-lhe lindas cenas de criança bem amada. A alguns passos mais, sentiram ao mesmo tempo um misto de ternura e desejo de se entregarem um aos braços do outro.

Interrompendo a caminhada, postaram-se um diante do outro, com olhares fixos. Elias deslizou as pontas dos dedos pelas faces mimosas de Sol. Ela cerrou as pálpebras, deliciando-se com as carícias. Ele, afetuosamente, encostou seus lábios nos dela. Aconchegados, beijaram-se como dois apaixonados. Para ele, era como se revelasse em sua mente que eles já haviam tido uma "vida a dois" no passado. Sua alma dava a entender que entre eles houve um elo de amor muito forte, um sentimento puro e não um caso simplesmente fantasioso.

Marissol sentia seu coração palpitar com violência. Então ela procurou soltar-se suavemente dos braços do jovem, dizendo com os olhos úmidos:

— Não faça isso comigo, Elias! Não queira profanar nossa simpatia com o uso de seus poderes. Juro! Não quero que seja assim. Não queira entristecer meu coração. Fui criada, Elias, com honestidade e possuo dignidade. Meus pais me ensinaram o caminho da lealdade, que devo percorrer. Devemos ser íntegros nas revelações que

Deus mandou Jesus nos transmitir, a fim de merecermos a glória do céu. Nunca havia sido beijada. Jamais me interessei por algum rapaz. Entretanto, pode crer que esse momento de ternura se gravará indelével em minha alma. Foi como... — suspirou profundamente — se eu estivesse sendo transportada para um mundo que não fosse este em que vivemos. Senti-me em outra esfera, em outra época e senti que já o conhecia.

Caminharam em silêncio, pois não sabiam mais o que dizer. Mais alguns passos, Marissol interrompeu a caminhada e voltou a falar:

— Separemo-nos aqui. Não quero que nos vejam juntos. Peço, Elias, que me perdoe! Mas tomarei cuidado para que eu não volte a me aproximar de você. Nem mesmo por amizade. Pressinto que em nosso convívio a divergência coexistirá com a amizade e, com certeza, a discrepância prevalecerá e nos separará.

Elias a ouviu em silêncio, mas quando ela ensaiou afastar-se, ele a segurou pelo braço dizendo:

— Jamais me distanciarei de você. Sol, ainda que não acredite, aflorou em minha alma um sentimento forte e indescritível por você. Posso até dizer que não mais conseguirei viver sem sua companhia. Creia-me! Vejo uma luz brilhar em nosso caminho e tal luzir me faz crer que não se trata de paixão, tampouco desejo. É algo puro e sincero.

Marissol ficara em silêncio. Ela meditava sobre as afirmações de Elias. De repente, interrompeu seus passos e, olhando para o infinito, disse consigo mesma, em pensamento:

— "Ah, estrelas, estrelas! Brilhem sobre nós! Parece-nos que um espécime acaba de abrolhar no caule de nossa vida! Imploro-lhe, ó estrelas, que não deixem que esse germe venha fenecer. Pressinto duas lindas flores a se desabrocharem para conviverem em mútuo amor. Elas precisarão de seus raios luzentes para avigorar diante das desafeições que intentarem contra a formosura delas. Não permitam que as arrebatem dos caules benfazejos. Ó estrelas, amparem-nos, a fim de que nosso amor seja irreprimível."

A noite, para Marissol, fora conturbada. Somente à madrugada ela conseguiu repousar o corpo. Ao despertar para o dia, o sol já era brilhante. Preguiçosamente a donzela estirava o corpo no leito, ouvindo encantada o pipilar dos pássaros. A insônia deixara-lhe a impressão de que seu cérebro pesava mais do que o corpo. Então ela sentia indisposição para se levantar. Sentou-se no leito, amparando a cabeça com as mãos, pois sentia vertigem. Deitou-se novamente ante a sensação de enferma. Mas, não! Ela ressentia do que lhe acontecera durante o sono daquela noite, embora mal dormida.

Ao adormecer, o Espírito se emancipara do corpo físico e fora visitar o mundo espiritual, onde estavam seus afins. Em tal emancipação, Marissol descobrira que ela e Elias já se conheciam desde vidas passadas, quando se amaram e formaram laços conjugais. Todavia, ao ensejo do renascimento para a vida presente, ditos acontecimentos foram olvidados, razão pela qual sua consciência física desconhecia

as belezas das vivências passadas,
motivando na moça a perturbação
emocional.

Marissol não compreendia, mas lhe era mostrado que aquele amor fora registrado no mundo celestial e que a vida continuava no sabor do amor.

Sol, ainda no leito, contemplava a pequena joia e seus olhos marejavam, mas ela desconhecia a razão. Abrindo o pequeno coração, fitou a foto amarelada pelo tempo e perguntou-lhe mentalmente:

— "Que representa você para mim? Antes, nada! Mas agora existe um rosto análogo ao de Elias, sim, semelhante ao de Elias. Você teria origem na mesma família dele? Onde vive você? No Além ou na Terra? Em sendo no céu, vista-se de anjo e venha nos esclarecer sobre o que somos de verdade! Sua pequena imagem parece fitar-me. Estou com medo! Não sei o que pensar."

Suspirou profundo e ergueu-se, sentando-se na cama, apertando o fino colar entre os dedos e, com voz calorosa, conversou com Deus:

— Pai, esta é uma imagem semelhante à de Elias. Ela despertou-me sentimento jamais experimentado. Parece-me amor de passado longínquo, bem distante. Tenho impressão de que tudo está calado em minha mente e que se trata de marca indelével e imortalizada pelos Altos.

Sol foi para sua habitual caminhada. Mas continuava tão abstraída em seus pensamentos, que nem notara estar sendo seguida. Sentiu-se tocada por mão forte e ao mesmo tempo suave. Era Elias. Ele a olhava com imensa ternura. Ela sentiu imobilizarem suas forças. Eles se olhavam em silêncio. Aproximaram-se e, aos poucos, uniram os lábios com sentimento de amor imorredouro. Sol entregou-se confiante àquele embalo suave, de amor terno e poético.

Não se tratava de paixão nem de vício dominador. Iniciava-se um amor terno e delicado, reforçado por laços do passado. Sol, para Elias, era o brilho com que se encantava. Era luz variegada com a beleza do arco-íris.

Passados alguns instantes de deleite, eles foram despertados por um seresteiro da floresta.

Um canário com voz plácida, solfejando belíssimo hino de amor. Foi em tempo e hora exata, pois precisavam realizar suas tarefas do dia. Ela, como educadora e ele como protetor dos pomares. Eles nem sequer percebiam o adiantado das horas. Elias, ainda com Sol nos braços, sorriu dizendo:

— Bendito mensageiro do amor! Você realçou-nos quão belo é amar com sabor do prazer e do regozijo. Um amor que remansa nosso espírito e nos propicia essa quietude que nos permite transportar-nos no tempo. Descobri que amo você, meu anjo!

Elias olhou com tanta ternura para Sol, que a ela causou estremecimento, e voltou a falar antes de se separarem:

— Criatura divina, acreditemos no poder de Deus! Sinto que essa atração afetiva é imanente de nossos Espíritos. Vejo sua alma ligada à minha. Somos dois seres afins. Somos vinculados pelo eterno. Marissol, querida, quero ouvir de seus lábios a voz de seu âmago dizendo que também me ama.

Elias a osculou novamente denotando carinho inequívoco. Com voz suave, Marissol disse:

— Com certeza, confesso que me é estranho nossa repentina afeição. Mas acredito no que você acabou de dizer. Hoje pela manhã tentei falar com minha própria alma, com o olhar voltado para a foto que trago nesta joia, pedindo-lhe que remova essa venda que nos cobre a visão. Que desvende esse enigma misterioso que me mostra uma fisionomia idêntica à sua e nos torna conhecidos subitamente, ligando-nos com esse amor tão fervoroso.

—Também fiz o mesmo esta noite — atalhou Elias — pois não conseguia conciliar o sono. Passei sentado em uma poltrona, tentando descobrir o que de valor poderia estar escondido atrás daqueles retratos na parede. Não posso esconder-lhe o medo que senti. Contudo, percebi que em meu interior havia uma mudança. De fato vi que este sentimento, que havia nascido ou renascido em mim, seria o mais puro de minha existência presente. Aguardei com paciência esse momento de agora para lhe dizer que a amo e que acredito estarmos nos reencontrando. Não quero separar-me de você. Casemo-nos, pois nossos liames são sagrados.

— Sim, meu amor! Seguiremos o caminho que nos mostra que somos almas afins. A consumação do nosso amor veio do Poder Supremo e nem a morte nos poderá separar, pois também nos reencontraremos no infinito pela vontade do Pai. Havemos de romper todas as muralhas que eventualmente nos surgirem, porque nosso amor é infindável.

Beijaram-se aguardando pelo entardecer, quando estariam juntos novamente nos corredores dos laranjais onde se conheceram.

Marissol não se preocupou em dissimular a felicidade, iluminando suas belas faces. Os alunos a adoravam e a conheciam muito bem para passarem despercebidos de que Sol tinha no olhar a marca do brilho da felicidade, a luz do amor.

9

Herdeiros do amor

Caros leitores, iniciaremos esse capítulo dizendo mais uma vez que, a cada retorno à vida terrena, reatamos laços de vidas anteriores, então interrompidos pela morte. Mas, em se tratando de liames perenes, nós nos reencontramos e sentimos o sabor da volta às existências delegadas pelo Supremo Tribunal Celestial. Os renascimentos carnais se destinam a renovações tanto em junções de vidas no amor, quanto para reparações de erros no passado. Cada ressurgimento terreno deve ser considerado como uma concessão divina, uma bênção do Criador.

Enquanto passava o tempo, o amante casal aguardava a ocasião certa para revelar o benfazejo amor.

Certo dia em que a luz solar realçava a intensa beleza natural das terras por onde caminhava com o pai, Elias percebeu que lhe ensejava o momento de revelar seu sentimento pela jovem. Então convidou o pai a se sentarem em uma pedra, sob uma laranjeira, a fim de conversarem:

— Meu pai, a jovem residente em nossas terras, a quem o senhor se dignou a custear-lhe formação universitária, faz-me muito feliz. Sua simplicidade e meiguice despertaram-me um amor puro, um sentimento indizível.

Silenciou por alguns instantes, fitou o pai e retornou ao assunto:

— Nós nos amamos! É como se existíssemos em outra vida e dela trouxéssemos consistentes laços, pelo que até estou acreditando em hipótese de retornos à vida terrena. Quero sua bênção para que eu possa levar Sol ao altar e professar nosso amor diante dos homens e, muito mais, diante de Deus.

José abraçou o filho com a tenacidade do amor paterno, condescendendo:

— Conte com minha aprovação! Ofereço-lhes não só o meu amor, mas minha irrestrita proteção.

Ergueram-se da pedra, abraçaram-se e retomaram a caminhada em visita habitual aos laranjais. Elias, saturado de felicidade, agradeceu ao pai beijando-lhe as frontes.

— Obrigado, *paizão*! Obrigado, meu velho amado! Contarei sempre com sua proteção. Sabemos que surgirão constrangimentos por parte de mamãe, em face de sua índole conservacionista, mas haveremos de arrostar nossa Débora. Por intermédio do nosso indissolúvel amor, mostrar-lhe-emos o verdadeiro sentido da vida terrena.

No clímax do contentamento, Elias indicava ao pai o local em que pretendia instalar a indústria para a extração de sucos e, mais ao longo do terreno, a industrialização da cana-de-açúcar. José, irradiando felicidade, ponderava como seu menino havia crescido. Sim, daria todo apoio que lhe fosse possível. Débora era diferente. Ela possuía, no íntimo, duas feições: uma de amor, compaixão, solidariedade e, por vezes, existia complacência em seu coração; a outra feição era dominada por discrepâncias de vidas pretéritas. Ao tomar conhecimento do namoro do filho, exasperou-se, de vez que a moça era filha de um dos agregados da fazenda.

Elias fitou a mãe com ternura e, com o coração aos saltos, replicou:

— Não creio que a senhora reprovará meu namoro! Sabe por quê? Porque a senhora ama. E porque o amor é condigno aos olhos de Deus e estou certo de que a senhora não deseja decepcionar nosso Criador. Pense, minha querida, que o orgulho é uma arma fracassada na vida. Ele nada pode contra o Bem. O amor é o sentimento que liga todos os seres universais. O amor é diferente, minha adorada mãezinha, ele, sim, é uma arma poderosa. É um escudo que nos ampara, que nos defende das improbidades. Ame! Apenas ame!

José, que ouvia em silêncio, apiedou-se da companheira. Aproximou-se e, com amplexo carinhoso, osculou-lhe as frontes bendizendo também o amor:

— Querida, bendito seja esse sentimento! Entregue-se às recomendações do nosso modelo, o Mestre Jesus, que tanto fez para nos ensinar por meio das leituras bíblicas. Ele nos educa com as centelhas de seu amor puro e autêntico. Dê vazão às lágrimas do arrependimento, reconciliando-se com Deus, denotando a Ele a complacência e a veracidade que existem em seu âmago. Você, Débora, sem perceber, traz na alma as partículas luminosas que lampejam a cada decorrer de sua existência terrena. Você as trouxe do passado. Elas acompanham todo o seu trajeto na vida. Dentro de você sempre prevalece a presença viva de Deus e de Sua luz. Pense que talvez tenhamos enfrentado barreiras erguidas para nos separarem em existências passadas.

Cerrou os cílios e continuou:

— Muitas e muitas vezes, sentamo-nos diante desses retratos na parede e, examinando-os, chegamos a diversas conclusões. Fomos um deles e hoje estamos aqui novamente para corrigir erros pretéritos. Concluímos que houvemos de retornar juntos para aprimoramento moral e espiritual. Portanto, meu amor, não queira desfazer esse enlace que nosso filho pretende, pois ele vem por desígnios do céu por concessão do Pai. Assim como nós, eles também certamente estão ajustando desentendimentos do passado.

José, não raro, conduzia Débora a voltar-se para a imagem de Deus vivo entre eles.

> Vejam, leitores amigos, que as sucessivas encarnações não somente se destinam a corrigir defeitos mas também é imprescindível para o aprimoramento intelectual e, sobretudo, moral. Trata-se de um privilégio que o Criador concede às suas criaturas, a fim de que elas se purifiquem. Então, é para sua leveza que o Espírito vem à procu-

ra de expiar imperfeições inerentes às vidas passadas.

Débora, desolada e com voz como se estivesse sufocada, desculpou-se:

— Perdão! Perdão!

Ela deixou a sala, dirigindo-se apressadamente para o aposento, lugar em que se desafogava.

José sabia como reconciliar a esposa. Daria tempo e, no final da tarde, ele a reconciliaria com palavras moderadas e amorosas, porque o amor refletia a imagem do sabor verdadeiro na alma da mulher.

Apesar das controvérsias, o genitor de Elias estava feliz. Ele amava deveras o filho. Denotando constrangimento, ele procurou confortar o rapaz:

— Filho, meu menino grande! O que posso fazer é agradecer a Deus por você ter sido confiado aos nossos cuidados. Você trouxe consigo a luz do progresso. Orgulho-me por ser seu pai. Sou grato ao Criador por ter sido escolhido para seu tutor na Terra. Aqui, neste mundo, somos legalmente encarregados de tutelar nossos filhos, transformando-nos em protetores e guias. Deus permite-nos a formação da matéria física de nossos filhos para nela aprisionar sua criatura espiritual. Sou um homem muito feliz porque a criação de sua matéria física me foi confiada.

Suspirou profundamente com sorriso e voltou a dizer:

— Não só lhe dou permissão para se unir a Marissol, como lhe ofereço o necessário para erguer aqui as indústrias desejadas. Elias, sua mãe escolheu esse nome para você, por se tratar de um nome bíblico, de um profeta que trazia consigo a luz do Senhor.

José fez pequena pausa. Meneou a cabeça e voltou a dizer:

— Nossa conversa fez-me recordar a história da vida de Fred e Lara. Você se lembra, filho, de quando lhe falei sobre eles? Fred, como você, possuía muita inteligência. Incrementou as indústrias do sogro, assim como você pretende expandir as atividades nas terras de seu pai, ou melhor, nossas terras. Associando fatos de nossas vidas presentes com as histórias inerentes ao passado de nossos ancestrais, percebemos que, quando retornamos à Terra, aqui renascemos na mesma família, cultivamos os mesmos hábitos, as mesmas tendências e as mesmas aspirações das vidas pretéritas. Tais virtudes, assim como as vicissitudes, são repassadas de vidas em vidas, sucessivamente. Talvez isso explique a conservação dos empreendimentos industriais desde épocas remotas. A história sobre nossos ancestrais diz que houve um descendente que abdicou das atividades industriais para aplicar-se às lides rurais. Talvez seja essa atividade de que cuida nossa família.

Suspirou e segurou a destra do filho, acrescentando com ternura:

— Espero, meu querido, que você siga todos os exemplos que lhe foram passados, levando a seus filhos a história desta família. É de suma importância para preservação da memória. Creio em você.

— Nossa vida presente, meu pai, poderá estar marcando o retorno daquela família à matéria. Há dias que me acontecem sonhos, vendo-me na foto de Fred, afixada na parede. Não raro fico observando e me impressiono. É como se minha alma estivesse presente naquele busto exposto no quadro. Sinto-me ali presente, contemplando-me em espelho. Deu para entender?

José ficou em silêncio por instantes. Era como se quisesse estabelecer uma relação entre o céu e a Terra, a fim de descobrir o que se escondia naqueles retratos na parede. Embora soubesse das histórias narradas pelos descendentes dos ancestrais, muitas partes não estariam reservadas exclusivamente ao conhecimento do Criador? Qual seria a relação entre a vida do seu filho e o jovem do retrato na parede? Elias teria renascido naquele corpo que ele, o pai, com amor fizera conceber o ventre de Débora, assim como Deus fez com o Espírito Elias? Com o coração célere, o genitor sugeriu:

— Deixemos de lado esses mistérios. Talvez, meu filho, seja impressão mental, acreditando-se na demasia de tais fatos. Convenhamos que sejam histórias interessantes, mas não deixemos que causem desordem em nossa mente!... Não nos descuidemos!

— Não, meu pai! Não se trata de influência psicológica. Não é essa a conclusão que procuro. O certo é que há algo muito estranho! Quando vi Marissol, pela primeira vez, senti-me tocado por inexcedível encantamento. Da mesma maneira senti ao olhar para Lara no retrato na parede. A imagem dela suscitou-me a sensação de já ter conhecido Sol e, no exato momento, nosso amor irrompeu com força inabalável! Cada vez mais me convenço ao ponderar tais semelhanças. São feições reais! Até o brilho radiante do retrato de Lara na parede reflete nas faces da minha querida Sol! Não seremos a continuação de vidas pretéritas?

José sentiu encrespar-lhe os pelos. Seu corpo parecia enrijecer com o frio da exsudação. Não compreendia a razão daquela sensação que lhe invadira subitamente todos os órgãos. Até mesmo os internos, pois seu coração acelerara e sua alma parecia tremular. O homem apoiou a destra no ombro do filho dizendo temeroso:

— Mudemos de assunto! Você faz parte de minha vida, portanto, quero informar-lhe que terá minha bênção para a união de vocês e que sou o pai mais feliz da face da terra.

— Ó querido velho! A sua bondade é tão perfeita que me regozijo em ser seu filho. Com isso, senhor meu pai, meus sinceros agradecimentos e, com amor, digo que também sou muito feliz por ser seu filho.

— Quero que formem laços com muito amor, pois Sol é como se fosse geração de nossa família. Portanto meu consentimento é inabalável e o faço com muito prazer.

— Agradeço, meu pai! Quanto à minha mãe, tenho certeza de que, em seu íntimo, reina a beleza dos amanheceres que florescerão nossa vida. O amor de minha mãe será, no porvir, a flor de que se exalará o perfume do Bem e será tão evidente e legível porque estará escrito nas estrelas, para que todo o universo possa contemplá-lo.

José, pensativo, inclinou a cabeça. Após alguns segundos, com suspiros, falou amorosamente ao filho:

— É!... Pode até ser! Mas sua mãe sempre se aninha no leito após alguma discussão. Ela é como ave que, quando solta a célula da fecundação, encolhe-se para se agasalhar e receber sua ninhada, mas com certeza de rapinas. Contudo, desta vez, vamos confiar, embora eu sempre fizera isso.

Débora era uma mescla de sal com açúcar.

Em se excedendo o sal, o gosto fica picante e faz mal aos órgãos corporais. Ocorrendo excesso de açúcar, o sabor se torna agradável, ameno, brando e sereno.

Ela hesitava quanto ao consentimento do namoro do filho com a menina Sol. Sua objeção era inconsciente. A aversão proviera de vidas pretéritas. Às vezes ela adocicava sua vida com a bondade paciente do seu companheiro, José, porque ele viera com a missão de fazer refulgir-lhe o Espírito, tornando-o notável aos olhos de Deus na conformidade dos desígnios para os retornos de vidas na Terra.

Geórgia e Lauro, pais de Sol, exaltavam entusiasmados o namoro da filha com Elias, embora sentissem que a afeição do casal não era bem quista por Débora. Em vista de tais objeções, os genitores da moça a preveniam de que se cuidasse para não se ferir. Diziam a ela que o amor era uma dádiva sublime, mas suscetível de desilusões que flagelavam almas. Marissol ficava atenta às palavras da mãe, pois sabia que ela estava com razão, todavia a menina trazia em seu espírito a concórdia dos Altos.

Não raro, Sol recolhia-se ao seu leito onde se punha a admirar as belezas naturais. O céu azul, forrado por estrelas, era um ornato divinal. Ela deitava-se com os olhos fixos nos astros luminosos e nem sequer notava as lágrimas que perolavam, refletindo em suas pupilas o brilho perfeito das luzes das estrelas. Os ponteiros do pequeno relógio disposto sobre a mesinha, ao lado da cama, assinalavam o passar das horas, até que a moça adormeceu. Seu corpo, ao sabor do frescor da brisa, reluzia com os raios lunares.

Ao alvorecer, Sol foi despertada por doce cantar de um lindo canário, pousado no espaldar de sua janela. Sorriu feliz! Com imenso amor e voz suave, ela agradeceu:

— Obrigada, seresteiro da manhã. Você me libertou desse estado dormente, inspirando-me sensação de glória para todos nós. Tenha um bom dia!

Estirou-se no leito com sorriso luminoso e, com mimo, soltou a voz, duetando com o pássaro, dizendo consigo mesma:

— "Ah! Como foi bom ser despertada por essa brisa refrescante e com a sonoridade suave desse seresteiro canário."

Marissol olhou para o seresteiro, que ainda permanecia pousado na janela, e sussurrou para não o espantar:

— Como é lindo e saudável seu cantar! Acho, amigo, que descobri seu segredo! Você está amando! O amor encanta nosso viver. Saiba que me fez muito feliz, compartilhando sua alegria comigo? Com certeza, mostrou-me quanto é divino amar. Mas também saiba que não é fácil. Havemos de enfrentar terrenos íngremes. Contudo, não serão barreiras intransponíveis para nós, não é mesmo? Nosso amor é poderoso e será vitorioso diante de quaisquer óbices que nos venham aborrecer.

— A ave canora movimentava a cabecinha como se aguçasse a audição para ouvi-la. Ensaiando despedir-se, eriçou as pequenas asas e, com um som harmonioso, trinando na sinfonia de um amor eternizado, esvoaçou-se como se flutuasse pelo toque do vento.

Marissol chegou até a janela e, sorrindo contente, acenou a destra com alegre despedir, dizendo:

— Ó doce amiguinho viajante, você tornou-me a mais feliz entre todos os felizes da Terra!

Suspirou profundamente e, sorrindo, com a mão ainda suspensa, despediu-se com doçura:

— Adeus, canário seresteiro! Foi muito bom ouvir seu canto. Ele proporcionou-me alegria e gostosa emoção, acompanhada de paz, abarcando todo o meu espírito.

Com o coração célere como as asas do canarinho, Sol preparou-se para o trabalho. Sentou-se ao lado do pai, em torno da mesa, aguardando o desjejum que a mãe Geórgia preparava com carinho. Nas faces de Marissol estampava-se contagiante alegria. Enquanto saboreavam o lanche, conversavam animados e felizes. Sol, terminando, agradeceu a Deus e aos pais por aquela reunião e despediu-se, dizendo:

— Desejem-me sorte neste dia, pois hoje despertei-me com o trinado de belo canário, fazendo-me deveras feliz. Até a noite, meus amados!

Geórgia, percebendo a alegria da filha, respondeu amorosamente:

— Até a noite, minha filha!

Marissol vestia-se com moderação, mas estava muito bonita. O vestido, na cor azulada, justo, realçava-lhe o corpo bem torneado, com decote avantajado, exibindo todo o dorso ornado com trancelim em que se prendia pequeno coração em ouro com a foto de Fred. Na varanda de sua humilde residência, ela se misturava à beleza das flores da trepadeira ornamental que enfeitava o recinto. Apressava-se para ir ao encontro do amado.

Lá estava Elias, com olhar fixo, enfeitiçado pela estonteante imagem que se aproximava. Ele estendeu-lhe a destra e aconchegou-a ao peito, beijando-lhe os lábios róseos, respeitosamente. Marissol, cheia de amor, entregou-se aos braços robustos e, com afeto, deixou-se beijar com mais dedicação. Seus corpos fremiram emocionados, todavia o contato era zeloso e manifestava respeito. Comportando-se como duas crianças amigas, separaram-se e saíram correndo sobre o terreno graminoso. Ela jogou-se na relva, toda dengosa, à espera de ser enlaçada pelos braços amados.

Elias deixou seu corpo resvalar brandamente junto ao dela e, inebriados, fitaram-se e se entregaram ao beijo terno e suave. Em seguida, caminharam em silêncio por alguns instantes. Logo, Elias segurou a destra de Sol, declarando-se com imenso carinho:

— Quero-a! Amo-a tanto, que não dá mais para esperar! Falarei com seus pais e marcaremos a data de nossa união definitiva. Ah, queria tanto guardar segredo, mas sinto que não consigo! Tudo está planejado! Mas devo comportar-me diante do que aspiro para fazê-la feliz. Será agradável a surpresa!

Marissol, com dengo, dava pulinhos para alcançar a altura do amado, querendo abraçá-lo, fazendo beicinhos, como criança mimada, dizendo:

— Ah, não! Isso não vale! Quero saber! Fale, meu amor, por favor! Conte-me o que programou para nós dois? Não vale agir assim! Tenho direito de saber! Ainda mais quando se trata de algo que compete aos dois.

— Não, quando se trata de alegria inesperada, quando se oferece um lindo e inolvidável presente de casamento, e é o que eu quero dar-lhe, é digno de você! É digno do nosso amor! Ah, não! Não vou dizer-lhe!

Marissol fez trejeito de menina emburrada e recostou a cabeça no ombro do amado. Elias sorriu e fez-lhe carinho dizendo:

— Que bonitinho! Então chore!... Mas acho que ainda assim não adiantará, porque não quero dizer-lhe.

— Então, por que despertar-me o desejo de saber? Fale! Por favor! Meu amor, eu, como você, quero aguardar esse momento que me será de encantamento! Você não se compadece de minha curiosidade? Pois devia! Vou sofrer dia e noite pensando e não vou dormir. Vou ficar cansada e com olheiras. Já imaginou como vou ficar feia? É assim que me quer ver?

Elias, sorrindo pelos mimos da amada, segurou sua destra e, com passos lentos, conduziu-a para o pomar. Levou-a até o centro, assim dimensionado por ele quando do plantio das árvores, agora exuberantes. As flores brancas das laranjeiras enfeitavam e perfumavam o embriagante ambiente. Adentrando o arvoredo, sentaram-se na pedra que os acolhera ao ensejo do primeiro encontro. Elias colheu pequeno galho com várias florzinhas, colocando-o nos louros cabelos da amada. Contemplou-a, com enorme carinho, admirando-a:

— Ah, meu amor! Como você ficou linda e distingue-se de tudo aqui presente, até das belas e formosas flores das laranjeiras. Como a amo! Nossa! Como a amo!

Uniram os lábios num beijo excelso. Para eles, aquele momento seria marcante símbolo de enlace eterno. Enquanto arrulhavam, exprimindo com ternura aquele sentimento puro, ouviam o canto suave de um intruso sabiá, pousado no galho da laranjeira. A voz canora penetrava-lhe as almas, como melodia provinda do céu, abençoando a venerável união. Era, realmente, uma bênção do Eterno, o reencontro de duas almas afins que há muito vinham singrando o caminho ditado por Deus. Portanto, não se tratava de amor à primeira impressão porque os liames as acompanham ao longo de muitas vidas sucessivas; eram os herdeiros do amor.

10

Obstinação e cura

Elias, com Sol aconchegada ao peito, perguntou-lhe, quase inaudível, com os lábios próximos ao seu ouvido:

— Que diria você se eu lhe dissesse que poderíamos pegar um navio e zarparmos pelo oceano, atracarmos em terras americanas e permanecermos por lá cerca de um ano? Esse sonho eu o trago comigo há muito, pois desejo conhecer aquele mundo diverso do nosso Brasil. Algo em meu íntimo me diz que já vivi naquelas terras. Não é estranho?

Suspirou profundamente e continuou:

— A verdade é que sinto saudades de vivências algures. Fecho os olhos e me ocorrem reminiscências de Nova York. Vejo-me naquele universo, mas não o conheço. Quando examino fotos em revistas, sinto içar minha alma, como se ela estivesse seguindo rumo a uma vida de sucesso, em tempos distantes. Ela se eleva para mundo estranho, jamais visto por mim. Confesso, meu amor, quero estar naquele lugar e com você! Algo me diz que lá convivemos juntos.

Marissol o contemplou, lacrimosa. Ele aconchegou a cabeça delicada da jovem em seu ombro e, com afeto, perguntou-lhe:

— Por que, meu amor? Por que você chora? Não lhe agrada essa ideia?

Ao que ela respondeu:

— Não! Não é isso, meu querido! É que uma recordação nostálgica insiste em amotinar minha mente. E o pior é que não consigo deslindar esse enigma.

A moça fez pequena pausa, pondo-se a olhar distante. Voltou-se para o rapaz, sorrindo, e continuou:

— Interessante, Elias, é que sempre alimentei vontade de conhecer aquele país. Parece-me que também já vivi naquelas terras americanas.

Marissol suspirou cerrando os cílios, mas com belo sorriso mostrou-se apaziguada. Segurou o rosto amado e o osculou, com carinho, declarando amorosamente:

— Ah, meu Elias, como o amo! A solidez do nosso amor basta para nos dizer que temos liames pretéritos, provindos da generosidade do poderoso Senhor que criou o céu, a Terra e as almas.

— É verdade, meu amor! É verdade! Meu espírito se sente glorificado por ter descoberto em você um universo de amor do qual não existe explicação, um clima harmonioso, admirável, que sensibiliza toda a minha alma. Você é luz para meu caminho! É vida para meu mundo interior!

Silenciou, fitando o rosto amado. Segurou a destra de Sol, dizendo:

— Você entenderá agora o motivo pelo qual eu preservei tal segredo? É que eu pretendia surpreendê-la, rejubilando-lhe a alma, assim como estou sentindo. Eu queria que me seguisse nessa viagem como se estivesse com os olhos vendados, apenas confiante em mim! Mas nem tudo o que queremos podemos alcançar, pois nossos desígnios estão escritos no livro da vida. Porém, nada nos impede de intentarmos pôr em prática nossas aspirações. Marquemos logo nossa união e recebamos como prêmio celestial essa tão almejada viagem de comemoração do reencontro de nossas almas. É nossa vida! E meu espírito anseia por esse elo de amor.

Porém, haviam de obter o consentimento de Débora; isso seria mais difícil. O íntimo da mulher era comandado por certa relutância que sobrevivia do orgulho aliado a um elenco de lamentações do passado. Mas existia também um sinal luminoso celestial que, por vezes, lhe embrandecia o espírito, suscitando reflexos de ternura e compreensão.

José empenhava-se para obter que o sentimento bondoso predominasse na alma da companheira, mas ela persistia na prática da maldade. Ainda que ela cometesse iniquidade, ele se mostrava condescendente porque Débora era a complementação de sua alma. Eram Espíritos afins por mandatos celestiais. Ele acreditava que, com o poder de Deus, conseguiria conduzir a esposa para o estreito caminho do amor; só do amor, de vez que o sentimento que os unira fora inteiramente regado pelo amor divino.

Por força das leis divinas que regem o esquecimento do passado ao ensejo das reencarnações, José olvidara o compromisso que fizera de se ligar à Débora com o propósito de ampará-la na expiação de suas imperfeições inerentes a vidas pretéritas. Não obstante a inata obstinação da esposa para o mal, José conseguia nela acender, paulatinamente, a pleiteada luz da generosidade. Aos poucos, o Espírito Débora se mostrava mais suscetível ao Bem. A alma indomável se amansava e se abrandava, graças à pertinácia do dedicado esposo que se obstinava em ampará-la em seus amorosos braços.

Manhã primaveril. Os pássaros festejavam chilreando nas jardineiras das janelas, onde as flores desabrochavam, contracenando com as flores que nasciam no campo e com as que coloriam as frondes das árvores. O pai de Elias observava a esposa, com ternura, enquanto ela dormia serenamente, plasmando harmonioso sorriso. O semblante alegre indiciava a afeição que suscitava no coração da adormecida.

O bondoso homem se sensibilizava com a aparente conversão da esposa. Ele, silencioso, preparou-se e desceu as escadas, dirigindo-se à cozinha a fim de preparar o desjejum da amada. José estava ansioso para que ela despertasse e viesse à janela, de onde apreciaria a natureza e veria sua adorada criatura, que viria receber as bênçãos maternas. Elias trajava a roupa que a mãe apreciava: um lindo casaco cor caramelo e calça na mesma tonalidade; a camisa era bege suave. Um bonito lenço ondeava seu pescoço. Na lapela, elegante joia realçava-lhe o porte atraente. Uma bota de cano longo e bem lustrado cobria-lhe os pés.

O genitor contemplava com entusiasmo e amor a beleza e a elegância do filho, dizendo a si mesmo:

— "Céus! Como é fascinante!"

Com um sorriso espontâneo, José aproximou-se do rapaz e colocou a destra em seu ombro, dizendo:

— Meu filho, não se preocupe! Sua mãe dorme serenamente! O leve sorriso que lhe aviva o semblante é indício de que sua alma está liberta de influências perniciosas.

Ouvindo do pai a auspiciosa notícia sobre a mãe, o mancebo saiu quase correndo para abraçá-la e beijá-la, mas José, com voz embargada, conteve-o:

— Filho... Não! Ela repousa para aliviar sua exaustão espiritual! Acautele-se ao adentrar o aposento, para não assustá-la. Vi que, na madrugada, ela se debatia contra seus hábitos adversos ao amor. Então, percebi que ela havia encontrado a paz. Acalmando-se a relutância, ela entregou-se ao sono como se o amor de Deus houvesse penetrado sua alma; como se uma lareira aquecesse seu gélido coração. Ao notar o doce sorriso em seus lábios, induzi que a alma de Débora havia florescido como as lindas flores do campo. Espero que se tenha esgotado o poço de água suja e lodosa em que se imergia. De agora, meu filho, nota-se que a paz reinará em nosso lar!

O rapaz, saturado de esperança, adentrou o aposento materno, pé ante pé, e sorriu ao ver a mãe. No semblante adormecido da genitora não se notavam sinais de perturbação moral. Elias a observava com carinho. Doía-lhe o peito pelo remorso de não haver confiado em que um dia ela haveria de abrandar a rejeição ao amor dele com

Sol. Silencioso, deixava que de seus olhos gotejassem lágrimas, refletindo:

— "Como pude ser tão cruel? Pobre mamãe! Não merecia tanta desconsideração!"

Aproximou-se vagaroso e, com ternura, beijou-lhe a fronte. Débora abriu lentamente os olhos. Estendeu a destra e, sorrindo, disse:

— Segure minha mão para que eu possa sentir seu calor de filho amoroso.

Elias debruçou no leito, pronunciando:

— Mãe! Minha mãe querida! Ah, como a amo!

Tais palavras foram ditas pelo filho com tanta devoção que emocionaram deveras a mãe e nela suscitou elevado sentimento afetivo. Débora então concebeu que em seu espírito existia profundo amor adormecido que ora despertara ante o carinho propiciado por Elias. Emocionada, fitou detidamente o filho amado. Voltou a estender-lhe a mão, entregando-se aos fortes braços do rapaz, que a acolheu com júbilo. Ela aconchegou-se a ele, chorando e dizendo:

— Filho, perdoe-me por todo constrangimento que lhe causei. Perturbam-me as lembranças de que tentei afastá-lo da jovem que tanto ama! Fui injusta, ultrajante, desrespeitando as leis de Deus. Reconheço que causei vexames a vocês. Será que mereço ser perdoada? Peço que você e Marissol me perdoem!

Elias jamais imaginaria ouvir o nome de sua amada pronunciado por sua mãe, em face da aversão da genitora desenvolvida pela menina ao ensejo de sua apresentação como pretensa nora. Mas, tomado de emoção, o moço respondeu afetuosamente:

— A senhora já tem nosso perdão. Sol, querida mamãe, não sabe senão perdoar com dignidade, mas também afirma repetidas vezes que devemos nos amar para vivermos em comunhão familiar. Ela é dotada de grande pureza, possui dádivas celestiais e procura ater-se aos ensinamentos de Jesus.

Elias silenciou por instante e, com os olhos rasos de lágrimas, concluiu:

— Nós amamos a senhora! Nós a queremos muito! Sol quer doar-lhe seu amor nos moldes em que preceituou Jesus.

Débora chorava copiosamente e só dizia:

— Sim! Sim, meu filho!

A lacônica manifestação de Débora talvez se prendesse aos seus instintos de egoísmo e de dominantes sentimentos de posse de que ora se despojava.

Naquele momento, José adentrava o umbral do quarto, levando consigo uma bandeja abarrotada de iguarias deliciosas: frutas, geleias, leite e broas saborosas, preparadas pelas mãos dadivosas das serviçais. Tendo em vista a cordialidade do esposo, relanceou na memória de Débora as dolorosas recordações de quando, por vezes, maltratara pai e filho.

José, aproximando-se do leito, depositou a bandeja sobre pequena mesa de cabeceira e, quando se preparava para oscular a fronte da esposa, ela se adiantou e jogou-se genuflexa diante dele, instando-lhe que a perdoasse. Voltou-se para o filho e, chorando, pediu:

— Perdoe-me, meu querido! Reconheço que errei!

O companheiro a ergueu de imediato, abraçando-a amorosamente e dizendo:

— Não imponha sacrifício ao seu espírito!

Não o faça sofrer! Não o leve à dor moral! Você não errou sozinha! Portanto, devemos unir-nos para pedirmos indulgência ao Ser Supremo que nos pode remir de todos os males. Só Ele, com Sua compaixão, é que nos pode perdoar, porque somos todos pecadores.

José suspirou profundamente e voltou a dizer:

— É!... Somente Ele, nosso Criador, pode libertar-nos dos conflitos, das dores e do remorso. Eu falhei muito! Omiti-me diante do que Deus talvez esperasse de mim na Terra. É, Débora!... O que digo é normal, pois não encarnamos tão somente para vivermos juntos temporariamente. Nossa vida, nossa união, foi formada pelos Astros Superiores e confesso que me vejo como inadimplente para com minhas promessas ao Criador do Universo.

José acomodou a cabeça da amada em seu ombro e a acariciou com afeto. Com os olhos rasos de lágrimas, voltou a falar com afabilidade na voz:

— Você, Débora, é a criatura que me torna aprazível o viver. Culpo-me por deixar de cumprir o dever de ser seu protetor e companheiro.

Para isso é que viemos juntos. Portanto, eu é que lhe deveria pedir perdão.

José aconchegou-a nos braços e percebeu-lhe o estado febril. Com gestos amáveis, ele a deitou no leito e imediatamente providenciou a visita do médico da família. Diagnosticou-se inflamação dupla na membrana que envolve os pulmões. Deveras desesperado, o esposo de Débora monologava que a revitalizaria com seu amor. Às manhãs, invariavelmente, José conduzia a esposa para caminhar sobre as relvas verdoengas. Débora se banhava na luz do astro Sol. Os raios solares lhe eram salutares e a brisa fresca beijava-lhe todo o rosto e o corpo, suscitando-lhe sensação de alívio e enrubescendo-lhe as faces descoradas. Ao decorrer alguns dias, Débora estava convalescida e o susto superado.

Geórgia, mãe de Marissol, por espontânea e generosa solidariedade, todas as tardes dirigia-se ao casarão onde, com amor, oferecia-se para coadjuvar a higienização corporal de Débora e o preparo da refeição vespertina. Marissol também comparecia, levando consigo as substâncias do amor e do carinho. Com desvelo e com voz meiga, a moça procedia à leitura do Evangelho a respeito da peregrinação do Mestre Jesus. A mensagem acrisolava a alma da convalescente que se transformara em pessoa repleta de amor. Ao passar dois meses, a mãe de Elias estava completamente recuperada.

O estremado companheiro abnegava-se tempo integral ao lado da esposa. O convívio lhe permitia observar que a purificação da alma da convalescente prosperava como a florada primaveril. O amor puro e sincero de José o induzia presumir o florescimento de um lindo botão desabrochando no coração de Débora para se transformar na mais linda flor, chamada amor. Esta afeição seria a chave com que se lhe escancarariam as portas da bondade, regada de humildade e de sabedoria.

O companheiro e o filho acolheriam o buquê que lhes enfeitaria a alma. Débora distinguia Sol como filha preferida. As famílias se uniram com laço físico de sublime amizade e perene parentesco espiritual.

Débora, abraçada a Elias e Sol, passava-lhes seu amor e sua bênção. Elias, abnegado filho de Deus, edificou confortável residência para Geórgia e Lauro. Nas paredes alvas da sala, mandou reproduzir idênticos quadros em que se identificava a genealogia da família. Todavia, ele mandou acrescentar nos quadros os retratos dos pais de Sol e dos pais dele, para que se completasse o verdadeiro álbum da família formada no celeste mundo espiritual e para que se consagrasse que a vida continua no sabor do amor.

11
Álbum de família

Segundo dizem, a vida se renova na Terra. Com o passar dos tempos, nós nos modificamos. Nessa etapa evolutiva, vamos encontrar Elias envolto ao sucesso. Ele se dedicou às atividades industriais e, com marcante inteligência e muito trabalho, os pais e ele próprio se viam estabilizados e felizes. O progresso parecia reprisar o sucesso da fase pretérita em que viveram encarnados como Fred e Lara. Elias idealizava o incremento da produção e das exportações dos sucos das frutas e dos derivados das canas.

José sentia-se realizado. Além da estabilização econômico-financeira, acontecera mudança radical em seu convívio familiar cuja transformação ele atribuía aos acordes dos anjos que lhe chegavam em forma de branda melodia, acompanhados de nuanças, com tons suaves, colorindo-lhe a alma. Emocionado e feliz, ele ajoelhou-se no chão para pronunciar fervorosa prece:

— Ó Deus, é com o coração cheio de graça que venho agradecer-Lhe pela dádiva com que o Senhor me agraciou! Obrigado, Pai Celestial, por este filho maravilhoso que me propicia tanto prazer! Acredito, ó Pai, que ele seja uma luz descida do céu para iluminar minhas veredas na Terra. Talvez eu tenha falhado na tarefa de ser guia e protetor, mas creia, Senhor, arrependo-me por não ter sido deveras cuidadoso para com a missão que o Senhor me confiou.

Débora, graças aos cuidados do companheiro, cumpria missionariamente o dever de mãe e colaboradora no amor. Com tão belíssima virtude, enalteceu sua alma e contribuiu para elevar seus filhos, Elias e Marissol.

Um ano de existência da comunhão de valores morais se passara. A vida vicejava nos aspectos financeiros e com imensurável harmonia familiar.

Os jovens enamorados, convictos de sua benquerença, realizavam seus sonhos. Contudo, o que mais queriam era concretizar seus objetivos, ou seja, casarem e fazerem a viagem tão desejada.

Faustosa festa marcou a tão esperada boda nupcial. Convidados, desde a elite aos mais simplórios, foram recepcionados com idêntica benevolência. O momento desejado havia chegado. Embarcariam para as férias prolongadas. Felizes, escolheram confortável navio com todos os privilégios. O aposento era de requintado gosto. Às manhãs, como casal de pombinhos, os enamorados arrulhavam no convés, apreciando a beleza do encontro das águas marítimas com o céu azulado, deleitando com a viagem. O navio singrava garbosamente a imensidão de águas procelosas. O espetáculo aformoseava ainda mais a natureza.

De mãos unidas, como elos que jamais se arrefecerão, o jovem casal se dirigia para a proa do navio que mais parecia um nariz alongado. Elias, voltado para o infinito, aconchegava Sol ao seu peito amoroso e revelava seu grande amor:

— Sol, minha vida! Não fosse você, não fosse esse amor inquebrantável que sinto por você, não seria tão bela essa natureza panorâmica que estou contemplando! Não me seria tão perfeita nem mesmo a obra de Deus! Como a amo! Nem mesmo essas insolentes águas procelosas me oferecem perigo porque você é meu salva-vidas!

Assenhoreado pelo amor, o mancebo levou levemente as mãos às faces da enamorada para que ela se voltasse e osculou-lhe os lábios, com suavidade. Marissol entregou-se ao deleite. O astro Sol lançava impiedosamente causticantes raios sobre os corpos amantes que já se abrasavam com o calor do amor. Desfazendo-se o beijo, o carinhoso esposo declarou-se pausadamente:

— Eu... a... Amo!

Ela, toda dengosa, segurando a destra dele, o plagiou:

— Eu... o... Amo!

Como duas crianças, saíram correndo pelo convés até à porta da espaçosa suíte em que ela encostou-se e deixou o corpo deslizar até o chão. Com os olhos cerrados, ofegante, ela esperou que os robustos braços do esposo a conduzissem para o interior da suíte. Ele acomodou-a no leito macio e se uniram com amor divinal e eternizado. Os beijos se repetiam como se os amantes estivessem sorvendo néctar das flores. Com voz suave, Sol não se cansava de declarar o amor que transbordava em seu coração.

— Elias, meu grande amor! Ao contemplar as águas calmas encontrando-se com o céu no horizonte oceânico, minha alma vibrou de emoção porque, assim como aquele fenômeno natural, meu amor também vai ao encontro de nossa paixão arrebatadora. Não se trata de frenesi dominante; minha paixão é virtuosa, norteada pelo progresso das almas afins. Sim, meu amor! Nosso sentimento é imaculável porque viemos do céu programados pela força do amor. Nosso espírito é purificado pelo mundo esplendoroso.

Elias a ouvia com admiração, concordando. O recinto interno da suíte estava inundado pelo aroma das flores do copioso ramalhete, encomendado por Elias. A ornamentação era requintada, com flores brancas de fragrâncias diversas e suaves. No centro do buquê, havia uma rosa vermelha e nela estava pequeno cartão enlaçado, dele constando os seguintes dizeres:

"Esta linda e perfumada rosa vermelha representa o imenso amor que sinto por você. Unimos nossas almas e elas terão o ninho de nosso viver Eterno! Amo-a, meu doce amor!"

Marissol deixava sair de mansinho as águas lacrimais excitadas por seu encantamento, enquanto Elias afagava-lhe todo o rosto, salpicando-o de beijos até encontrar os lábios para beijá-los com avidez, como se quisesse alimentar sua doce passarinha com a bebida dos deuses do amor.

Terminado o idílio, o casal dirigiu-se para o espaçoso refeitório. Após a refeição, foram para pequena sala onde lhes serviram delicioso licor. Era aconchegante o momento. Uma jovem mulher executava deleitosa melodia em um piano. Elias e Marissol foram tocados por forte reminiscência de já ter estado naquele lugar, em alto mar, ouvindo a mesma música.

Sentados numa confortável poltrona, abraçados, deleitavam com a inebriante canção romântica e sentimental que lhes envolvia as almas. Elias convidou a esposa a irem para a suíte a fim de se aprontarem para o sarau daquela noite, que prometia ser linda, plenamente romântica e deliciosa.

Sol se transformou em belíssima mulher. Trajava rica indumentária. Seu corpo bem torneado estava coberto por bonito vestido, na cor que combinava com seus olhos e com o azulado do céu. Ela ostentava os ombros à mostra por avantajado decote, deixando aparecer a cútis macia e aveludada. No pescoço, um bonito colar com pedras preciosas, presente do companheiro na noite de núpcias. No pulso, com várias voltas, o trancelim com o pequeno coração em ouro, guardando a foto de Fred, de que ela não se separava. A insigne joia representava uma vida de louvor, olvidada em sua mente física. Era como uma proteção, uma bênção, uma glorificação do mundo celestial. Quais seriam o motivo e a origem do camafeu? Não sabiam! Mas ele gerava-lhes profundo bem-estar.

Elias se encantara! Tomou-a nos braços, reverenciando as Alturas:

— Serei merecedor de tanta graça, Senhor?

Afastou-a, fitando-a com imensa ternura. Silenciou com sorriso afetuoso e depois de alguns segundos, disse:

— Ah, Pai, como está bela essa parte que faltava para completar minha felicidade. Como agradecer ao Senhor? Sol, meu doce amor, você está encantadora! Sua beleza atrai não só meu amor por você, mas também vai atrair muitos olhares cobiçosos. Aí então estarei enciumado.

— Meu amor, aprontei-me somente para você. Nem sequer pensei atrair olhares, pois apenas tenho em minha alma o seu amor, unido ao meu.

— É claro, meu amor! É claro! Você, querida, não precisa enfeitar-se com indumentárias e joias para ser apreciável aos olhos dos demais, pois é muito bela, é uma deusa descida como dádiva do paraíso, o Éden do amor, onde reina a felicidade junto de Deus.

Sorrindo, ergueram uma taça rasa de vinho e brindaram:

— Bendito seja o amor que nos uniu. A ele e à nossa vida!

Marissol, com lágrimas nos olhos, disse:

— Além desse amor, creio nas suas palavras, pois somos enviados por Deus. O Criador é que nos formou. Quisera que todos os casais fossem felizes assim.

Elias aproximou-se de grande espelho e colocou Sol à sua frente, voltada para o refletor. Acariciou-a por todo o corpo. Suspirando, expressou-se:

— Sol! Vida minha! Olhando sua imagem neste espelho, pareceu-me conviver com você desde séculos passados, com retorno de longas vidas entre os mundos invisível e tangível. É como se estivesse escrito em minha alma com letras de fogo: "somos amantes eternos".

Com delicados gestos, Elias afastou-se de Marissol, ficando de costas para o refletor, a fim de que ela não visse seu rosto, porque nele deslizavam dois filetes de grossas lágrimas. Não era fraqueza de homem que feria seu espírito, era uma forte emoção nostálgica. Mas, por que sentia seu coração célere? É que ouvia a voz de sua consciência a dizer-lhe: "*Isso são saudáveis lembranças, que lhe transmitem harmonização. Às vezes, querem emergir à superfície de sua memória, mas são breves e efêmeras e trazem momentos de tempos gloriosos, serenos e vitoriosos*".

Elias ficava por entender toda aquela intuição mental que lhe suscitava emoção e anseios.

Ele tentava dominar o estranho pensamento, mas não conseguia, pois ele era mais forte do que suas forças. Parecia estar em contato com um mundo de esplendor. Sentia o Espírito luzir nas Alturas. Queria entender o que se passava com ele. Mas sua mente lhe dizia que acreditasse no porvir, e que tudo seria esclarecido quando deixasse a Terra. O moço não conteve o pranto de sua alma. Eram realmente lágrimas diferentes que emergiam do fundo de seu âmago. Elas eram inexplicáveis, posto que sublime paz envolvia seu coração. Elias estremeceu quando sentiu Marissol abraçá-lo pelas costas e as mãos dela deslizarem por seu peito. Ela, com voz sussurrada e plena de amor, como se adivinhasse a aflição do esposo, dizia:

— Não fique assim, meu amor! Nada mais nos importa! Vivamos o hoje! O presente nos foi ofertado por Deus, ademais somos deveras felizes. Este nosso encontro não será o retorno de nossa alma à matéria física? Renascemos na Terra, predestinados a nos reencontrar, trazendo conosco o amor puro inerente a vidas anteriores. É agora, é nesta vida, que devemos assimilar-nos ao amor do Pai, ao amor que Ele nos proporciona. Então estejamos com paz, pois ela se encontra entre nós. O show já vai começar e eu não quero perdê-lo, uma vez que será o show de nossa vida, vida a dois, vida de amor.

A noite se despedia. A orquestra encerrava sua exibição com suave melodia de fundo romântico. Como se fossem convidados pela voz do céu, os nubentes subiram para a parte superior do navio e, em silêncio, por alguns instantes, curtiram naquele instante de amor puro e repleto de ternura. Marissol encostou suas costas no peito de Elias, inclinando a cabeça para trás. Com os olhos fixos no infinito sem lua, não iluminado senão pelo brilho das estrelas que anunciavam a breve chegada do crepúsculo, ela contemplou, admirada, uma estrela cadente que deslizava velozmente por entre tantas outras, parecendo vir recrudescer-lhes a esperança e a felicidade. A esposa de Elias estendeu a destra, como se acolhesse o astro viajor, mas ele se ocultou no firmamento estrelado. Sorrindo, ela fez um pedido:

— Estrela matutina, insígnia do amor, jamais permita que nosso caminho seja obstado por eventual desafeição e perca este brilho. Por favor, reflita este luzir eternamente em nossa alma e acrescente mais sabor ao nosso amor, para que nossa vida continue refletindo no álbum de família.

Naquele breve instante de ternura, foram abençoados pelas Alturas porque, na travessia do atlântico, com a passagem da inovação atmosférica, mãos espalmadas do infinito jorravam sobre eles eflúvios radiosos.

Dias e noites o casal deleitava no sincero e lindo amor. Certa manhã de primavera radiosa, atracaram no cais das terras americanas. Marissol encantou-se com a natureza daquele lugar. Era como se o arco-íris o enfeitasse naturalmente, para felicitar aquele povo estadunidense. O arco-celeste luminoso refletia luz sobre a terra e sobre as águas do mar, dando a impressão de que o encantamento uniria todos os espíritos daquela gente, causando-lhes sensação agradável e prazer.

Antes de irem para o hotel, Sol convidou Elias a caminharem sobre as areias da praia, cujas vistas panorâmicas eram diferentes das do Brasil. Enormes bandos de pássaros revoavam, subindo e descendo num vai-vem com voos rasantes sobre eles, como a recepcioná-los. Eram as belíssimas gaivotas que os encantavam com suas levezas voadoras. Marissol soltou-se de Elias e, como criança, corria e pulava tentando alcançar as aves voadoras com as mãos. As lindas gaivotas pareciam conhecê-la. Adejavam ao seu encontro como num cumprimento festivo. Ela parecia conhecer aquele lugar e já ter vivido tais acontecimentos.

Estava feliz! Seu rosto parecia receber um brilho divinal. Jogou-se na areia e rolou o corpo até alcançar as águas praianas. Mergulhou-se e, depois de alguns instantes, veio à tona. Estava encantadora! A veste branca, molhada, deixava transparecer seu corpo como se estivesse nu. Elias acorreu, agasalhando-a com seu suéter e, sorrindo alegremente, disse:

— O que é isso meu amor? Você não está com trajes adequados a este momento! Veja como ficou! Para mim está maravilhoso, mas, e para os olhares cobiçosos?!

Marissol, com acanhamento, fechou os olhos dizendo:

— Perdoe-me!

Entregou seus lábios para serem beijados. Elias sorriu e comentou:

— Você está mais encantadora, tomada por este rubor nas faces.

Em seguida, osculou os lábios da amada. Marissol disse, com as pálpebras cerradas:

— Estas águas e os pássaros me contagiaram. Desculpe-me, querido!

No pomposo hotel, bem acomodados, com hospedagem bancada por José e Débora como presente de casamento, Elias e Marissol permaneceram por tempo indeterminado, pois a intuitiva reminiscência lhes causava deslumbramento. Cada centro turístico não lhes parecia estranho. Era o passado olvidado que viveram algures, e agora emergia de sua memória espiritual para a memória física. Elias, comovido, dizia:

— Interessante, querida. Cada lugar por onde passamos suscitou-me ofuscadas lembranças. É como se eu estivesse retornando para a vida. Mais impressionante é que não me senti sozinho. É como se estivéssemos sempre juntos. Contudo, me senti harmonizado, tocado de plena satisfação. Não sei, mas sinto que algures vivemos aqui este nosso amor de hoje.

— Tive esta mesma certeza! Digo certeza porque me pareceu muito real. Aproveitemos, querido, pois este é o paraíso que Deus nos concedeu para consolidarmos nosso amor e nossa união. Será um elo que jamais se arrefecerá diante de quaisquer problemas que possam vir a nos aborrecer, pois somos almas afins e abençoadas pelo Supremo Criador.

Na manhã seguinte, foram levados a conhecer um recanto inédito. Parecia uma extensão do céu. Era um majestoso bosque diferente dos que já haviam visto. Um lugar pradoso, com verdor vigoroso, com exuberante vegetação de cores variegadas, semelhantes às ornamentais orquídeas. As flores refletiam brilho nos olhos dos apreciadores. Fastigiadas e vetustas árvores, lá existentes há séculos, os extasiavam. Sob elas havia diversos bancos dispersos para repouso.

Pássaros de várias espécies revoavam de galhos em galhos, num vozerio estridente, denotando imensa alegria. Elias e Sol, de mãos unidas, andavam nas passarelas das flores, emocionados. Ela, como garotinha mimada, soltou a destra do amado e saiu correndo, saltitante, convidando-o a alcançá-la. Ele, abandonando o conceito de homem maturo, corria feliz.

Marissol diminuiu os passos, permitindo que Elias chegasse até ela. Elias, cheio de amor, a segurou pelos ombros jogando-se na relva verdosa. Ela aconchegou-se, apoiando a cabeça nos braços amados, olhando na mesma direção do magnífico azul do céu. Por entre as galhadas, a imagem celeste assemelhava a bela arte pictórica. Quase inaudível, ela confidenciava ao infinito o seu amor afortunado.

Ergueram-se do gramado. Marissol sorriu com ternura, mas Elias ficara meditativo. Sol osculou-lhe os lábios demoradamente e, com a destra, acariciou-lhe os cabelos. Ele sentiu seu corpo fremir de emoção e, num amplexo amoroso, voltou a declarar-se:

— Já disse que a amo muito? Mas agora direi diferente. Isso mesmo! Quero que saiba que minha disposição afetiva é mais forte do que antes. Pressinto que estamos reprisando existências anteriores se é que realmente elas existam. Mas, se há retratos na parede, e a nós se assemelham, por que não dizer que a morte interrompeu nossa vida anterior para renascermos juntos? Que temos hoje nova existência?

Marissol manifestou concordância:

— É!... Dá pra crer!... Um fato profundo me persuade de que nosso amor é perene.

Elias então concluiu:

— É, meu bem!... Não deixa de ser uma lógica.

Em certo recinto enfeitado com arbustos e florações e o solo coberto por relvas, Elias e Marissol, sentindo a alma irisada, corriam, saltitavam alegremente, amavam e deliciavam os instantes de ternura. Subitamente ocorreu-lhes na mente irreprimível impressão de algo que os atraía:

"Venham! Venham! A vida não se restringe ao que vocês estão vivendo. Há profundos conhecimentos históricos nas reminiscências de ambos."

A sensação era de que estavam sendo conduzidos por entidades invisíveis. Um desejo imenso suscitou na mente do casal: conhecer a Marinha Naval. Ao visitá-la, Elias se encantava. Adentrando a cabine destinada ao funcionamento das máquinas, o visitante foi invadido por fervorosa sensibilidade jamais conhecida por ele. Tomado de energias mediúnicas, seu espírito passou a conviver com Lara. Contudo, tal convívio era como se estivesse sendo com Marissol. A jovem senhora se sentiu perplexa, sobretudo com as atitudes dele. Ela via nele certo comportamento diferente. Parecia não ter consciência do que falava. Conversava ininterruptamente, denotando profundo conhecimento de toda a aparelhagem ali existente e de seu respectivo manejo. Tratava os funcionários com toda a desenvoltura de um engenheiro naval. Não deixava dúvidas quanto à sua intimidade com todas as manobras da complicada maquinaria.

Marissol, completamente sobressaltada, chamou-o com ternura, mas não obteve resultado. Então ela o segurou pelo ombro e, com delicados gestos, conseguiu que ele se voltasse para seu lado. Com voz firme e segura, ela o despertou daquele inexplicável transe. Elias sentiu-se perturbado. Olhou inquisitivo para a esposa, desejando saber o que havia acontecido. Chorou, envergonhado. Pediu escusas e retirou-se. Marissol, penalizada e pasmada, acariciava o esposo, narrando-lhe todo o acontecimento. O jovem companheiro, de olhos cerrados, procurou justificar-se:

— Perdão! Foi um momento de emoção para o qual não encontro explicação. Não me lembro senão de que senti imensa nostalgia. É estranho, mas tenho a impressão de ter sido levado a algum passado, a alguma vida que não a presente. Foi um sentimento intensivo como se eu houvesse vivido em outras épocas. Em outros tempos...

Elias e Marissol saíram caminhando pelas ruas de Nova York. Estavam em silêncio. Marissol interrompeu o nefasto mutismo dizendo:

— Veja, meu amor, como são altos estes prédios! São arranha-céus que penetram o espaço, causam temor e desafiam a própria natureza. São notáveis! A mim não assustam!

Ele permanecia circunspecto, como se não a ouvisse. Marissol mostrava-lhe os aspectos interessantes da metrópole, intentando desviar-lhe a atenção do que houvera acontecido. Elias, com voz rouca, suspirando, manifestou-se:

— Sol, minha querida! Eu a ouço e vejo tudo diante desse seu entusiasmo, mas minha mente me perturba com várias inquirições. Uma delas diz respeito ao motivo daquela nostalgia a qual ainda estou sentindo. É um desejo de retornar, mas para onde? Que significa isso, meu Deus?!

Sol envolveu-o com amplexo de amor. Pondo-se de frente para ele, beijou-o com imensa ternura. Elias sentiu seu corpo vibrar. Aconchegou-se a ela, ficando por alguns instantes unidos em silêncio para melhor sentir a união de seus corpos. Marissol sugeriu:

— Amor, esqueçamos tais acontecimentos! Não deixemos que a tristeza transforme nosso sonho em pesadelo! Não era nossa vontade estar aqui? Com certeza, até hoje, aqui não encontramos senão felicidade e paz, portanto, não vamos deixar que se destrua essa tão desejada lua-de-mel, não acha? Você precisa de um bom banho para relaxar-se. Vamos para o Hotel.

O amor de Sol revitalizou a segurança de Elias, então, ele a convidou a saírem novamente. Sob belíssima árvore florida, com suave aroma, pararam para se beijarem. Como raios que lhes irisavam as retinas, ambos reviveram momentos de sublime amor. Eram marcas indeléveis que suscitavam em suas memórias. Uma vida que seria no porvir, segundo eles. Mas não imaginavam que as Alturas lhes mostravam um futuro de muito amor, todavia, em realidade, era transporte de vidas passadas que agora reprisava em suas almas. Estavam certos de que seria assim até encerrar seus dias na Terra.

Decorridos alguns meses, Marissol, percebendo que se anunciava um embrião em seu ventre, correu radiante e muito feliz a levar a auspiciosa notícia a Elias:

— Amado homem de minha vida, tomada de intensa alegria, quero depositar em seu coração uma regozijante esperança.

Cerrou as pálpebras, não contendo as águas lacrimais que perfilavam por suas violáceas faces, ao dizer que nutria muito amor por ele e por todo aquele sentimento afetivo é que lhe viera dizer sobre sua imensa alegria. Descerrou os olhos fitando a barriga e, com os lábios tremendo de emoção, tomou a destra do amado, levando-a sobre aquela parte física, abençoada pelo Alto Poder, falando comovida:

— Terno e doce amor! Fomos agraciados pela vontade de Deus.

Assim dizendo, intensificaram as correntes lacrimais. Elias hesitava se devia sentir idêntica emoção ou se devia preocupar-se com eventual gravidade do que ela lhe viera dizer. Quando ele ensaiou dizer algo, ela tapou-lhe a boca com as pontas dos dedos e, sorrindo entre lágrimas, voltou a dizer:

— Não! Deixe que meu coração fale primeiro! Olhe para mim! Veja em meus olhos a luz da esperança, a paz, o júbilo por ser mãe!

Elias sentiu incontido abalo emocional. Em Espírito parecia soltar-se para ir ao encontro de Deus para agradecer a Ele mais aquela dádiva. Um filho! Fruto daquele imarcescível amor que o Criador lhes concedera! Beijava Marissol com imensa sofreguidão. Tomou-a nos braços e a deitou cuidadosamente no leito, dizendo:

— Doravante você não mais fará esforço, não mais perturbarei seu espírito com minhas reflexões fantasiosas, como aconteceu naquele dia.

Marissol sorriu docemente para ele e replicou:

— Meu amor! Não estou doente! Espero nosso filhinho! Por que tantos cuidados e preocupações? A notícia que lhe trago é motivo de alegria, de euforia e não de cuidados especiais! É para nós a bênção do Pai.

— Sim! Eu sei! Mas quero poupar-lhe de quaisquer aborrecimentos. Você me fez renascer outra vez, propiciando-me essa alegria. Um filho! Ó céus! Um filho! Obrigado, amor, obrigado,

Deus! Revelarei ao mundo essa maravilhosa criatura que o Criador Universal nos confiou por Seu insigne poder. Um filho! Um filho meu e seu!

Radiantes retornaram para o Brasil. Como o filho pródigo, Elias e Marissol foram recebidos com faustosa festa. Emocionados, perceberam que as duas famílias se uniram com laços de tenacidade recíproca.

Reunidos e imensamente feliz, o casal aguardava a chegada do rebento. Marissol esperava calma, serena, saudável. Mas não se tratava de um filho apenas. Nasceram os gêmeos Ana e Edson. Uma configuração de Ada e Ede, os filhos do pretérito.

Os filhos de Elias e Marissol cresciam inteligentes e estudiosos como os filhos do passado. Cumpriam seus deveres familiares e, como os pais, cuidavam das indústrias de sucos e da usina de açúcar. Davam continuidade à vida formada pelos que iniciaram como os reverenciados ascendentes.

Casados e com filhos, repassavam os ensinamentos que tiveram dos pais sobre os negócios e sobre as histórias de vida de cada antecessor.

Elias e Marissol eram o presente do passado, de uma vida que continuava no sabor do amor.

Mais dois retratos seriam acrescentados aos retratos na parede e seriam narrados pelos pais de seus netos, dando ênfase e mais iluminação às vidas pretéritas e presentes.

Fred e Lara! Elias e Marissol! As mesmas vidas, o mesmo amor, o mesmo realismo de um álbum de família.

Assim é a organização da obra do Deus, para completar as vidas. Para o relacionamento das vidas, porque a vida continua no sabor do amor.

Este é o verdadeiro álbum de família.

> Não duvidemos de que existe um poder, o poder "*Reencarnatório*" criado por Deus. É por essa força divina que podemos anunciar que a vida continua.
>
> Chegamos mais a um final de histórias verídicas, pertencente ao Reino Humano. "Vejamos como devemos crer na vida após a morte. O retorno da alma à vida humana".

Reencarnação

Finalizarei esta obra dizendo com simplicidade aos leitores que devemos crer nas existências de outras vidas. Há retornos afins. Eu tive muitas voltas. Antes do Cristo, apresentei-me como centurião. Nada bom! Na época do Mestre, retornei preparado pelas Alturas, me converti e conduzi fiéis às pregações do Cristo, às palavras de Deus. Outro retorno à Terra se deu na época da escravidão. Fui para o tronco repetidas vezes por acorrer irmãos negros nas dores das chibatadas, curando-lhes os ferimentos com processos medicamentosos preparados por minha saudosa e benfeitora mãezinha.

Minha última volta à Terra ocorreu no Brasil onde, com amor, expus em obras romanceadas vidas reais por mim presenciadas. Ó Brasil! Terra que deveria ser sagrada, mas em face do livre-arbítrio, infelizmente transforma-se em mundo de violências.

Reverenciei todas as obras. E em todas as histórias, à ausência da fé e à falta de moldar a vivência oferecida pelo Pai, não pude prestar homenagem ao malfeito da humanidade. Dói-me profundamente registrar novamente essas tristes, mas lindas histórias de amor. Passo hoje para meus livros, em que nossa irmã médium psicografa, paciente e amorosamente, o que achei venerável para a época em que se vive em luta titânica neste orbe para o qual Deus direcionou a Luz da Divindade: a Terra.

Meus amados leitores, cumpre-me informá-los de que, sem que percebamos, somos submetidos a retornos à vida corporal e por eles devemos colocar mais um retrato na parede da vida. Os Espíritos têm a missão de peregrinarem na Terra e formarem união. Atarem-se com elos afetivos, amando-se, perdoando, educando-se e preparando-se para servir ao Criador na evolução de sua obra universal. Necessitamos, portanto, das reencarnações, pois é na vida corporal que as almas se purificam e se elevam no progresso intelectual e moral, alcançando o plano que conduz a Deus, a superiora escala de valores celestiais.

Amemo-nos uns aos outros, como nos disse Jesus. Amemo-nos na formação de nossas vidas. Deixemos aflorar e frutificar em nossa alma, em nós, o Amor de Deus. Confiemos na Sua criação divina, pois é uma dádiva celestial.

O Deus Vivo, o Deus Pai, nos abençoe e que Ele seja sempre louvável em nossa vida. A vida que nos ofertou! Muita Paz!

Cordialmente.
Eu, Fernando de O Campello.
Uberaba, (MG) 14/05/2006

Campanha de Preservação da Vida

EDITORA ALIANÇA

Tema: ABORTO

O Livro dos Espíritos, Allan Kardec - questão 358:

Pergunta: *O aborto provocado é um crime, qualquer que seja a sua concepção?*

Resposta dos Espíritos: *Há sempre crime quando se transgride a lei de Deus. A mãe ou qualquer pessoa cometerá sempre um crime ao tirar a vida de uma criança antes do seu nascimento, porque isso é impedir a alma de passar pelas provas de que o corpo devia ser instrumento.*